Tucholsky Wagner Zola Scott Sydow Freud Schlegel
Turgenev Wallace Fonatne

Twain Walther von der Vogelweide Fouqué Friedrich II. von Preußen
Weber Freiligrath Frey

Fechner Fichte Weiße Rose von Fallersleben Kant Ernst Richthofen Frommel
Hölderlin

Engels Fielding Eichendorff Tacitus Dumas
Fehrs Faber Flaubert Eliasberg Ebner Eschenbach
Feuerbach Maximilian I. von Habsburg Fock Eliot Zweig
Ewald Vergil

Goethe Elisabeth von Österreich London
Mendelssohn Balzac Shakespeare Dostojewski Ganghofer
Lichtenberg Rathenau Doyle Gjellerup
Trackl Stevenson Hambruch
Mommsen Tolstoi Lenz Hanrieder Droste-Hülshoff
Thoma von Arnim Hägele Hauff Humboldt
Dach Verne Rousseau Hagen Hauptmann Gautier
Karrillon Reuter Garschin Hebbel Baudelaire
Damaschke Defoe Descartes Hegel Kussmaul Herder
Wolfram von Eschenbach Dickens Schopenhauer Rilke George
Bronner Darwin Melville Grimm Jerome Bebel
Campe Horváth Aristoteles Proust
Bismarck Vigny Barlach Voltaire Federer Herodot
Gengenbach Heine

Storm Casanova Lessing Tersteegen Gilm Grillparzer Georgy
Chamberlain Langbein Gryphius
Brentano Claudius Schiller Lafontaine
Strachwitz Kralik Iffland Sokrates
Katharina II. von Rußland Bellamy Schilling
Gerstäcker Raabe Gibbon Tschechow

Löns Hesse Hoffmann Gogol Wilde Gleim Vulpius
Luther Heym Hofmannsthal Klee Hölty Morgenstern
Roth Heyse Klopstock Kleist Goedicke
Luxemburg La Roche Puschkin Homer Mörike Musil
Machiavelli Horaz
Navarra Aurel Musset Kierkegaard Kraft Kraus
Nestroy Marie de France Lamprecht Kind Kirchhoff Hugo Moltke
Laotse Ipsen Liebknecht
Nietzsche Nansen Ringelnatz
Marx Lassalle Gorki Klett
von Ossietzky May Leibniz
vom Stein Lawrence Irving
Petalozzi Knigge
Platon Pückler Michelangelo Kafka
Sachs Poe Liebermann Kock Korolenko
de Sade Praetorius Mistral Zetkin

Der Verlag tredition aus Hamburg veröffentlicht in der Reihe **TREDITION CLASSICS** Werke aus mehr als zwei Jahrtausenden. Diese waren zu einem Großteil vergriffen oder nur noch antiquarisch erhältlich.

Symbolfigur für **TREDITION CLASSICS** ist Johannes Gutenberg (1400 — 1468), der Erfinder des Buchdrucks mit Metalllettern und der Druckerpresse.

Mit der Buchreihe **TREDITION CLASSICS** verfolgt tredition das Ziel, tausende Klassiker der Weltliteratur verschiedener Sprachen wieder als gedruckte Bücher aufzulegen – und das weltweit!

Die Buchreihe dient zur Bewahrung der Literatur und Förderung der Kultur. Sie trägt so dazu bei, dass viele tausend Werke nicht in Vergessenheit geraten.

Uber die Ehe

der Altere Theodor Gottlieb von Hippel

Impressum

Autor: der Ältere Theodor Gottlieb von Hippel
Umschlagkonzept: toepferschumann, Berlin

Verlag: tredition GmbH, Hamburg
ISBN: 978-3-8472-3786-0
Printed in Germany

Theodor Gottlieb von Hippel der Ältere

Über die Ehe

Hört, Leute, folgendes sagt Susarion:
Ein Übel sind die Frauen.
Ein Übel ist aber auch ein Haus ohne Frau.
Verheiratet oder nicht verheiratet zu sein
ist also gleichermaßen von Übel.

Vorbericht

»Ein Sohn *oder* eine Tochter?« fragt der Vater die Hebamme, wenn seine Frau zum erstenmal ins Wochenbett gekommen ist; denn zum zweitenmal sieht ers ihr schon am Gesicht an. Und sie läßt ihn ausfragen, wenn es ein Mädchen ist, und ruft, wenn er an das Wort *oder* kommt: *ein Sohn!*

»Auch vier Kreuzer wegen der Danksagung in der Kirche«, sagt der Landpriester, und der Vater bezahlt zehn, wenn es ein Junge ist. »Es kommt doch zum Besten der Kirche«, spricht er. Ist es aber ein Mädchen: so sucht er, obgleich es auch zum Besten der Kirche kommt, aus allen Taschen Scheidemünzen zusammen. »Hier«, seufzt er, »sind vier Kreuzer. Gott schenke uns einen sanften Regen, denn, in Wahrheit, das Getreide steht schlecht.«

Ein Frauenzimmer, wenn es vierzehn Jahre alt ist, fragt die Amme: »Ist es ein Söhnchen?« –: »Ja, gnädiges Fräulein.« –: »Ein niedliches Kind!«, und schnell ist es in seinen Armen. Es faßt es, wo man gemeinhin allen Kindern hinzufassen pflegt, und dann noch etwas weiter. Warum das gnädige Fräulein das Kind liegenläßt, wenn die Amme gesagt hat: »Ein Mädchen!«, kommt daher, weil es vierzehn Jahre alt ist.

Wozu dieser Anfang? Guter Freund, frage lieber, wozu diese ganze Schrift: denn in diesem Anfang liegt alles. Ist der gut, so ist mehr gut. Ist er schlecht, so gebe ich für die ganze Schrift keinen Dreier. Ein Autor ist ein geistiger Vater und schreibt Söhne und Töchter, wie sie der leibliche zeugt. Aber zu bestimmen, von welchem Geschlecht ein Buch sei, ist so schwer, daß sich die kritischen Hebammen oft jahrelang darüber streiten. Damit es indessen Seiner Wohlehrwürden nur wissen, so gebe ich für die Danksagung keinen Kreuzer aus. Für mein Kind darf nicht gedankt werden, und hiermit: Gott befohlen.

Das erste Kapitel

Klagen über die Vorurteile beim Heiraten

Traum zur Abhelfung

Wer Kegel schieben will, muß eine Bahn haben, wer ein Haus baut, einen Grund legen, wer nicht sät, kann auch nicht ernten, und wer kein Feld hat, kann nicht säen. Die Vorurteile, die bei den Ehen zur anderen Natur geworden sind, machen die Menschen untauglich, die Rolle zu spielen, die sie hätten spielen sollen oder können, und ebendiese Vorurteile sind auch mehr schuld an der Entvölkerung als ägyptische Dienstbarkeit, Auflagen im Staat und die Eitelkeitssorge der Weiber, ihre Schönheit durch Schwangerschaft zu verderben. Die Gesetze bestimmen die Ehefähigkeit: die Natur bestimmt sie noch genauer. Allein was helfen alle diese Bestimmungen und Ausnahmen, wenn man durchaus nicht das sein darf, was man ist? Bei den Römern war eine Mannsperson im vierzehnten Jahr vaterfähig, und ein Mädchen konnte schon im zwölften Jahre ja sagen und dieses Ja auch beweisen. Die Römer waren der Meinung der Natur. Heutzutage ist man anderer Meinung. Man ist nicht nur später mannbar, sondern darf auch das nicht sein, was man ist, wenn man die gesetzmäßigen Jahre erreicht hat. Es ist eine unnatürliche Mode, die man Tugend nennt, erfunden worden, die vorzüglich Mannspersonen zur Last fällt. Nach ihr darf man nicht eher heiraten, als bis man kaum mehr dazu fähig ist. Man verbindet nicht Personen mit Personen, sondern Pferde und Wagen mit Pferden und Wagen, Dukaten mit harten Talern, ein Landhaus mit einem städtischen Palast.

Das Obst bricht ein jeder ab, wenn es reif ist, allein ein junger Mensch muß nicht nur achtzehn oder dreiundzwanzig Jahr alt sein, sondern er muß auch zweitausend Reichstaler Einkünfte haben, von Adel sein, just sechzehn Ahnen haben, warten, bis sein Vater tot ist, um dessen Haus zu beziehen, sechs Pferde haben, auf Reisen gewesen sein, fünf Leute in Livree halten und was weiß ich, was alles vorhergegangen sein muß, ehe ihm erlaubt wird, bei einem Mädchen zu wachen. Nichts ist unnatürlicher, als sich zu einer Sache so lange vorzubereiten, die in so kurzer Zeit geendigt ist. Man beschneidet uns die Flügel, um desto besser zu fliegen. Die Weisheitszähne, die erst im zwanzigsten Jahre keimen sollen, sind, wie mich dünkt, zum Heiraten nicht nötig. Wir heiraten heutzutage leider nicht, um zu heiraten, sondern um das Andenken derer zu begehen, die ehemals geheiratet haben.

Es ist die Hauptpflicht der Eltern, ihren Kindern zur Liebe Gelegenheit zu verschaffen. Die Liebe ist der Stimmhammer des Herzens und setzt dem Ehrgeiz und jedem anderen Geiz oder Laster (welches einerlei ist) Ziel und Maß. Sie macht gefällig, mitleidig und Menschen zu Menschen. Sie ist die Experimentalmoral, so wie es eine Physik dieser Art gibt. Unsere Verfassungen der Religion und des Staates erlauben uns in der Liebe kein Vergnügen ohne Nutzen. Die Eltern müssen daher auf Mittel denken, so geschwind, als es sich tun läßt, die Kinder zu verheiraten oder, mit anderen Worten zu sagen: aus der Not eine Tugend zu machen. Wer Kinder zeugen will, muß selbst kein Kind mehr sein, sagt man, allein: gibts wohl ein ernsthafteres Geschäft als dieses in der Welt? Und müßte man nicht eben dadurch die Volljährigkeit erlangen, wenn man heiratet? Ich glaube, man kann eher Theologe, Richter oder Arzt spielen als Vater. Dieses letzte ist man nur.

Aristoteles will, daß man im fünfunddreißigsten Jahre heiraten soll, Plato, daß es nicht vor dem dreißigsten geschehe, allein ein anderes ist *sollen*, ein anderes *können*. Die alten Deutschen hielten dafür, daß ein Mann dreißig Jahre alt sein müsse, allein das waren auch die *alten* Deutschen, die wir jetzt nicht mehr sind. Wer jetzt dreißig Jahre alt ist, ist ein alter Deutscher im anderen Verstande, denn ein jeder vermutet von ihm, daß er im Zölibat bleiben werde. Je aufgeklärter die Zeiten sind, je zeitiger werden Mädchen und Jünglinge reif. Von diesem Punkt fängt die Aufklärung der Zeiten an, denn er allein belebt und macht Mut. Er ist das Salz, ohne welches keine Handlung Geschmack hat. Von einem Verschnittenen ist niemals eine erhabene Tat geschehen. Er muß sich aufs Singen so wie der Kapaun auf schönere Federn einschränken.

Die Israeliten sind klein gewesen, sagt man, weil sie so zeitig geheiratet haben, allein ich sehe keinen Nachteil von kleinen Bürgern ein. Wenigstens sind sie besser als gar keine. Kleine Soldaten sind, wie mich dünkt, vorteilhaft zu brauchen. Feinde, die groß sind, schießen entweder über sie weg, oder sie müssen sich bücken. In beiden Fällen gewinnen die Kleinen. In Rußland, wo die Sonne stärker wirkt, wird alles in zwei Monaten reif.

Ist es nicht schade, daß das erste Glas vom Jüngling (denn wie soll er es anders machen?) einer Buhlschwester zugebracht wird und die Hefen für ein ehrliches Mädchen aufbehalten werden? Und wer kann es diesem verdenken, wenn es sich zu seiner Zeit nach einer frischen Flasche umsieht?

Ein Licht steckt das andere sehr leicht an, und man könnte annehmen, daß Genies von einem noch ungeschwächten Vater gezeugt werden müssen. Wenigstens sind die ersten Kinder von jeher immer die besten gewesen. Kein Wunder, daß uneheliche gemeinhin die besten Köpfe sind. Auch die Gestalt des Leibes ist bei den ersten Kindern schöner, welches uneheliche Kinder ebenfalls beweisen. Die Eindrücke, die ein paar runzelvolle Leute aufeinander machen, können nichts Regelmäßiges hervorbringen. Die Vorzüge, die man in alten und neuen Zeiten der Erstgeburt verstattet, würden sich vielleicht hieraus erklären lassen. In Frankreich ist der älteste Sohn der Erbe der Güter, der zweite wird Soldat, und der dritte wird das, was in allen Ländern der dritte Sohn werden sollte: ein Geistlicher. Wollt ihr noch weiter zählen, so werdet ihr nicht nur in Frankreich, sondern beinahe überall finden, daß die jüngsten, oder Kinder der Pflicht, gemeinhin im Hospital sterben.

Ist es nicht etwas Widersinniges, daß ein Mann, den der Staat ehrt, der über das Vermögen und das Leben der ganzen Familie zu erkennen das Recht hat, sich in diesem ganzen Stück dem Urteil einer Person aus derselben, Vater, Mutter, Base usw., unterwerfen muß? Man bedient sich, um die Schwierigkeiten, die einem Ehelustigen gemacht werden, in ihrem ganzen Umfang zu zeigen, des Worts: *anwerben*, welches eigentlich: im Schweiße des Angesichts eine Sache treiben heißt. Anwerbung, heißt es indessen in einem bewährten Sprichwort, macht keine Verbindung. Wenn also gleich die Rekrutin ja sagt, so muß dennoch ein Tag anberaumt werden, an welchem die Sache näher erwogen wird. Alsdann kommt die Familie zusammen, wobei die Weiber, die bei den Römern kein Wort mitzureden hatten, nicht nur Sitz und Stimme haben, sondern auch wegen ihrer Träume in Ansehen stehen.

Oft wird das Ja nur unter dem Vorbehalt des Vorkaufsrechts gegeben. Es gibt Verlobungen mit Bedingungen, und wenn das Angeld, welches gemeinhin in einem Ring besteht, gegeben worden und das Aufgebot geschehen ist, so kann endlich nach allen diesen Fristen (und nachdem sich noch die ganze Familie neu gekleidet und eine Schar von Brautführern sich geputzt hat) die Braut mit dem Manne ziehen. Man wundert sich, warum bei diesen Weitläufigkeiten dem Bräutigam nicht alle Lust vergeht. Allein gemeinhin pflegt sich derselbe schadlos zu halten. Er macht sich während dieser Zeit mit der Kammerjungfer bekannt und übt sich in einer Sache, welche die besondere Art hat, daß man in ihr ohne Übung am stärksten ist.

Ich weiß nicht, ob jemand von meinen Lesern den Herrn von H–:y kennt.

»Nein, mein Herr von B–:ß, meine Tochter ist nicht für Sie«, waren seine ersten Worte.

»Aber mein Herr von H–:y...«, antwortet Herr B–:ß.

»Wie gesagt, es wird nichts draus!«

»Lassen Sie mich aufrichtig reden: Sie sind arm...«

»Ich arm? Solange dieses Pergament noch leserliche Buchstaben hat und ...«

»Lorchen liebt mich, mein Herr von H–:y!«

»Die Liebe ist das wenigste. Die Ehre, mein Herr, die Ehre muß Ehen binden.«

»Ich bin ein Kavalier.«

»Aber Sie können nicht Johanniterritter werden, denn hierzu ist Ihr Blut zu leicht befunden.«

»Ihre Tochter wird sich zu Tode grämen.«

»So stirbt sie auf dem Bett der Ehre.«

»Und ich ...« –: hier ging Herr B–:ß davon, und man weiß, daß er aus Verzweiflung nach Paris gegangen ist und sein Vermögen als Sklave einer Theaterprinzessin verzehrt hat. Wie leid tut es mir, daß er noch sechs Schwestern hat! Arme Mädchen! Hätte euch euer

Bruder unter seine Flügel nehmen können, ihr würdet nicht der unnatürlichen Notwendigkeit ausgesetzt sein, ohne Liebe zu leben. Ein hübsches Mädchen, das das Glück hat, vom fünfzehnten bis zum neunzehnten Jahr in einem guten Hause zu sein, wo es sein Licht leuchten lassen kann, findet zuverlässig einen Liebhaber, welcher Lust hat, sich in einen Ehemann verwandeln zu lassen –: obgleich es kein Geld hat. Addiere, lieber Leser, wieviel Bürger durch diesen Vorfall der Welt entzogen werden. Jedem Fräulein gib sechs Kinder und multipliziere sechs mit sechs. Rechne Lorchen und die recht guten Waden unseres verlorenen Sohns mit, so hast du fünfundvierzig Menschen.

»Lorchen!« ruft Herr A–:, »wie ist der Verfasser auf diesen Namen gekommen, der in mein Herz mit goldenen Buchstaben geätzt ist? Müssen denn alle Lorchens unglücklich sein und unglücklich machen? Grausamer Vater einer so gütigen Tochter!«

Der grausame Vater wollte, daß sein zukünftiger Schwiegersohn ihm zu den zweimal hunderttausend Gulden noch einhunderttausend Gulden hinzuverdienen und so viel hundert Witwen und Waisen, als tausend in seinen Büchern vorkommen, unglücklich zu machen behilflich sein sollte.

Und was soll ich von Herrn B–: sagen und was von Herrn C–: und was von Herrn D–: und was von allen Herren durch das ganze Alphabet? Es ist nichts gewisser, als daß mißlungene Liebe schuld daran ist, daß die Quadratur des Zirkels noch nicht erfunden, die Meereslänge nicht berechnet und das Seewasser noch nicht süß gemacht ist. Daß die Griechen und Römer größere Genies aufzuweisen hatten als wir, macht, daß sie in tausend Stücken vernünftiger heirateten und nächstdem –: nicht Griechisch und Latein lernen mußten. Und da wir mit dem deutschen Abc fertig sind, so ist es ausgemacht, daß α) mit einem Kaufdiener entwischt, weil sie der Vater an keinen Rat geben wollte, daß β) ihrem Gemahl untreu ist, weil sie die Mutter zum unaufrichtigen Ja gezwungen hat. Daß γ) keine Kinder hat, läßt sich aus ihrem Fräuleinstande erklären.

Kannst du den Regen aufhalten und die Blüte nur eine einzige Sekunde verlängern oder den Apfel davor bewahren, daß ihn kein Wurm sticht? Ebensowenig bist du imstande, deine Tochter zu verschließen, wenn sie ausgehen will. Die Natur läßt sich nicht zwingen. Wer selbst Vater oder Mutter werden kann, sollte wenigstens in diesem Punkt nicht unter seinen Eltern stehen. Es ist zwar nur des Wohlstandes und nicht der Notwendigkeit wegen, daß heutzutage die Eltern ihre Einwilligung geben; allein der Wohlstand ist weit strenger als alle Gesetze.

Die Ehe ist eine Last, und zur Übernehmung einer jeden Last muß man aufgemuntert, nicht aber behindert werden. Was man schon auf den Schultern hat, trägt man eher, als was man sich noch auflegen soll. Kann man gut zur Miete wohnen, warum sollte man sich ein eigenes Haus anschaffen? Wir sind Pilger in der Welt: kein Wunder, daß wir die Veränderung lieben. Ein Eigentümer trägt sich entweder mit dem Gedanken, ein anderes Haus anzuschaffen, oder er zieht wenigstens von einem Zimmer ins andere. Vielleicht hat die deutsche Sprache darum dem Wort *Frau* das sonst wenig passende Wort *Zimmer* angehangen. Erhielte man die Vorzüge der Ehe ohne die Pflicht, eine Frau Tag und Nacht zur Seite zu haben und allerlei Wind und Wetter übernehmen zu müssen, so würde sich jeder gern entschließen zu heiraten.

Der Staat sollte auf nichts ein so wachsames Auge haben als auf Abstellung alter Vorurteile, welche Ehen hindern können; denn die Ehe ist ein kleiner Staat. So wie es in den meisten Häusern zugeht, so geht es in der Stadt zu, und so wie in den meisten Städten, so im Lande. Man hatte bei den Römern Aufmunterungen zur Ehe, und noch wird man in vielen Teilen von Deutschland finden, daß kleine Strafen für diejenigen ausgesetzt sind, die sich nicht verheiraten, nachdem sie einige Jahre Bürger gewesen. Viel Kinder, viel Paternoster, sagt man an einigen Orten Deutschlands, und selbst von einer Hure sagt man, sie sei in gesegneten Umständen. Ihr Leib ist dem Staat gesegnet, denn Kinder sind der nützlichste Tribut, den ein Bürger bezahlen kann.

Man erlaube mir einzuschlafen und nachher einen Traum darüber zu erzählen. Wem er nicht gefällt, der bilde sich ein, daß ich im Schlafe geredet hätte. Mir träumte, es wäre ein Staat, wo Frauenspersonen keinen Rang behaupten. Die Weiber können nach den Gesetzen nicht viel mehr ohne Vormund und Beihilfe tun, als zu Bette gehen. Die Kauffrau (handelnde Frau) macht eine Ausnahme, allein diese gilt nur in Handlungssachen, wo ihr doch ein Diener gemeinhin zur Hand geht. (Von Regentinnen rede ich nicht; denn diese hören auf, Frauen zu sein, sobald sie den Thron besteigen.) Alle Frauenzimmer sollen gleich sein. Im Orient, wie man erzählt, geht es mit den Mädchen wie im Himmel zu, wo kein Ansehen der Person ist. Der Vornehmste heiratet das gemeinste, und die Tochter eines Königs glaubt kein Recht zu haben, einen König zu heiraten. Sie verlangt nicht einen König, sondern, was ebensoviel ist, einen Mann. Die Bäuerin, die Bürgerliche, die Adlige, die Hochadlige können zwar einen kleinen Unterschied machen, allein auch dieser Unterschied darf nie so beträchtlich werden, daß nicht dabei ohne Umstände beständige Ausnahmen stattfinden.

Die Weiber sollen es für eine Beleidigung ansehen, wenn sie keine Stelle im Staat bekleiden und doch den Titel und die Ehre davon genießen. Eine Ehre, die ich nicht verdiene, ist es so wenig, daß ich keine größere Schande kenne. *Frau Doktorin, Frau Präsidentin* ist ebenso lächerlich, als jemand *Euer Exzellenz* zu nennen, weil er mit dem Minister in einem Zimmer schläft. Es gehört eine Frau, wie mich dünkt, zu Hause ihrem Manne und in Gesellschaft anderen Frauen an. Die Frau Minister dient dem Staat weniger als der Sekretär des Herrn Gemahls, und nichts ist vernünftiger, als den Rang abzuschaffen, den die Weiber durch ihre Männer behaupten.

Damit ich aber dem schönen Geschlecht auch selbst im Traum den Vorzug nicht benehme, den ihm die Natur verliehen hat, so würde sein Rang auf das Geschlecht einzuschränken sein und in der Treue gegen seine Männer und in vielen Kindern bestehen. Von diesem ihm eigentümlichen Rang ist es durch falschen Schimmer entfernt worden, und warum sollte es sich Titel kaufen, da sein Amt ihm schon so viel Würde beilegt? Eine gewisse Kirche, für die ich sonst viel Hochachtung habe, ist zwar der Meinung, daß die Ehen die Erde, die Keuschheiten den Himmel bevölkern, allein ich bin der Meinung, daß je mehr Seelen für die Welt vorhanden, je mehr auch für den Himmel da sind. Ein Staatsmann, der die Bevölkerung befördert, kann also für den Himmel ein größeres Verdienst als ein Superintendent haben, welcher letztere nur die Sorgen über die Seelen hat, die schon vorhanden sind. Hieraus würde auch einigermaßen die große geistliche Würde sich verteidigen lassen, welche ein jeder Monarch in seinem Lande bekleidet oder bekleiden kann.

Die Römer hatten viele Vorteile für Väter, die Kinder hatten. Wenn ich die Wahrheit sagen soll, so kamen die Juden der Natur der Sache näher, wenn sie den Weibern die Ehren zueigneten, welche die Römer den Männern zuschrieben. Denn die Weiber haben bei diesem Geschäft die größere Mühe, und was noch mehr ist: man ist bei ihnen gewiß, daß sie die Mütter sind, wogegen es sich, ob der Mann Vater ist, kaum genau bestimmen läßt. Man läßt den Weibern also nur Gerechtigkeit widerfahren, wenn man sie für ihre Kinder belohnt. Sie können wahrlich auf diese Taten so stolz als auf Siege sein. Geschichtsschreiber sollten diese Siege für die Nachwelt aufschreiben und die Wahrheit auch auf sie anwenden, daß derjenige, der sein Leben fürs Vaterland verloren hat, unsterblich ist. Wer seine Pflicht erfüllt, verdient Belohnung: aber warum soll man diese der gnädigen Frau zugestehen, die Blätter und keine Feigen hat? Die Aufhebung des uneigentlichen Weiberranges und die Einsetzung der Weiber in ihren eigentlichen Rang wird ohne Zweifel ein Land mehr bevölkern als alle anderen Hilfsmittel. Der Aufwand, der jetzt so viele Ehen unmöglich macht, würde von selbst schwinden, und standesungleiche Ehen würden zur Regel werden. Es ist lächerlich, daß die Weiber den Stand ihrer Männer annehmen, billig aber ist es, daß sie in dem Fall, daß sie Witwen werden, an den Gütern der Männer teilhaben.

Die Töchter sollten nicht einmal von dem Zunamen des Vaters etwas genießen. Wenn mein Nachbar zum Beispiel Heydefeldt hieße, sollte darum seine Tochter Fräulein Heydefeldt genannt werden? *Minchen* sollte man sie nennen. Der Zuname würde sich finden, und fände er sich nicht, so könnte das Mädchen, wenn es vierzig Jahre alt und im Hospital wäre, das Fräulein *Minchen aus dem Heydefeldtschen Hause* heißen. Hätte sie aber Lust, den Namen des Amadeus Creuzberger anzunehmen, so lasse man ihr das Vergnügen. Ein Frauenzimmer ist ein Konsonant, den man ohne den Vokal des Mannes nicht aussprechen kann. Wie ungerecht also die Gesetze sind, wenn sie verordnen, daß ein Frauenzimmer einen Mann nehme müsse, der ihm *ebenbürtig* ist, fällt in die Augen. Eine *Mißheirat* ist für mich ein unausstehlicher Begriff. Vernünftige Gesetze sollten diesen Torheiten ein Ende machen. Monarchen haben zwar Ursache, der falschen Ehre das Wort zu reden, denn sie ist das Bollwerk der Monarchie, allein durch meinen Vorschlag müßte der

Adel eben nicht leiden. Ich habe nichts gegen den Adel. Ich kann es leiden (wenn die Motten es leiden können), daß ein Pergament in der Familie aufbewahrt wird. Ich eifere nicht dawider, daß Ahnen gezählt werden. Allein wie kommt die Frau dazu? Die Kinder folgen dem Vater, die Töchter nicht in dem strengen Sinn wie die Söhne.

Es ist wahr, daß bei dieser Methode die Schmeichelei gestürzt wird. Allein warum sollen wir kriechen, da wir gehen, warum bitten, da wir fordern können? Ist nicht selbst jetzt das einzige Mittel, mit einem Frauenzimmer sich auszusöhnen, es ärger mit ihm zu treiben? Wer ein Mädchen um Verzeihung bittet, wenn er es geküßt hat, erhält keine. Es wird ihm aber verziehen, wenn er seine Hand weitersetzt. Die Stecknadeln, mit denen die Frauenzimmer sich verschanzen, halten keinen Sturm aus. Sie haben diese Verteidigungsmethode vom Rosenstrauch gelernt. Rosen werden indessen gepflückt, und so gehts auch mit den Mädchen. Laut Gesetz können unverheiratete Frauenzimmer klagen, wenn sie wider Willen geküßt werden, allein ich weiß keinen Fall, in dem Gebrauch davon gemacht worden ist –: es müßten denn Zeugen dabeigewesen sein. So sehr ist die Natur bemüht, ihre Rechte nicht verjähren zu lassen.

Guten Morgen, lieber Leser. Bist du aber über meinem Traum selbst eingeschlafen, so wirst du in einem Hörsaal aufwachen –: oder noch fester einschlafen.

Das zweite Kapitel

Der Endzweck der Ehe

Eine akademische Vorlesung

Die wenigsten jungen Leute auf Akademien, meine Herren, *wissen*, was sie bloß lernen. Sie lernen Gedanken, allein sie lernen nicht denken; sie lernen Philosophie, allein nicht philosophieren; sie lernen die Gesetze, allein nicht das Recht. Was ich also oft gebeten habe, das bitte ich, weil wir heute so schönes Wetter haben, wiederholentlich: meine Vorlesungen nämlich nicht als ein Urbild des Urteils anzusehen, sondern als eine Veranlassung zum Urteilen. Ich will keinen allgemeinen Maßstab einführen, sondern es brauche jeder den seinigen.

Was nun den Mittelpunkt der gegenwärtigen Stunde anbetrifft, so sind wir noch immer beim Heiraten, insbesondere bei der Frage: was ist der Endzweck der Ehe? Dabei wollen wir zuvörderst erörtern, was der Endzweck der Ehe *nicht* ist. Ich kann nicht leugnen, daß ein Mensch, der heiratet, um Kinder zu zeugen und zu erziehen, wenn eins der Eheleute untauglich ist, die Befugnis haben muß, die eingegangene Ehe für ungültig anzusehen. *Untüchtigkeit* scheidet, sagt man, und Sie, meine Herren, wissen so gut wie ich, was das Wort Untüchtigkeit in diesem Sinne meint: die Untüchtigkeit, Kinder zu zeugen und Kinder zu gebären nämlich. Wenn indessen jene Untüchtigkeit nicht gleich zu Anfang der Ehe vorhanden gewesen, sondern während der Ehe entstanden ist, so gehört sie in den Mantelsack, den christliche Eheleute bis an ihr, gebs Gott, seliges Ende tragen müssen. Was denken aber meine Herren, wenn sie sich ein Paar Eheleute vorstellen, die den Beweis und Gegenbeweis ihrer guten Eigenschaften geführt haben und dennoch keine Kinder zeugen können? Aus welchem Gesichtspunkt wollen sie wohl dieser Ehe ihre Gültigkeit geben? Unterstehen sie sich, selbige für nichtig zu erklären? Soll man in die Lehre gehen und nicht eher, als bis ein Meisterstück vorhanden ist, die Zunft gewinnen oder, wenn das Meisterstück mißlingt, wieder abziehen? Soll man erst mieten, ehe man kauft, und, wenn das Haus uns nicht ansteht, seinen Stab weitersetzen? Nein, meine Herren, das läßt sich in einem gesitteten Staat nicht machen. Kurz und gut, es muß Ehen geben, ohne daß Kinder erzeugt und mithin auch: ohne daß welche erzogen werden. Denn das sehen meine Herren wohl von selbst ein, daß, wenn nicht Kinder vorhanden sind, auch Kinder nicht erzogen werden müssen und können. Und was dünkt Ihnen von den regierenden Herren, welche in den Jahren, da sie noch nicht Kinder zeugen können, heiraten? Sollte deshalb ihre Ehe ungültig sein?

»Es ist«, sagte mir Herr ... (Ha! bald hätte ich ihn genannt, und meine Herren hätten einen Mann in schwarzem Kleide kennengelernt, der sich gestern die vierte Frau hat antrauen lassen.) »Es ist besser zu freien, als Brunst zu leiden«, sagte er, »und die Auslöschung dieses Feuers muß der Endzweck der Ehe sein. Ohne ein gewissen ... hm. Ohne ein gewisses ... können keine Kinder erzeugt werden. Ich rede aus Erfahrung, denn ich habe sechzehn Kinder am Leben, und sechzehn sind bei Gott.«

Genug! Man muß die Leute nicht mehr reden lassen, als man beantworten kann. Diese gelehrte Notwehr ist die Notwehr von allen gelehrten Disputen. Die Antwort für den Mann ist aber: *was als Mittel gilt, kann als Endzweck verboten sein.*

Unser Gegner schweigt. Und wer schweigt, wo er hätte reden können, willigt ein.

Das war also mein erster Teil, nämlich: was der Endzweck der Ehe *nicht* ist. Was ist denn aber der Endzweck der Ehe? Ich will es kurz machen, weil es schon spät ist. Ich glaube, daß der Endzweck der Ehe die *vollkommenste Lebensvereinigung* ist. (In einer Parenthese, meiner Lieblingsinterpunktion, muß ich anzeigen, daß ich dasjenige, was ich glaube, noch nicht für gewiß halte. Was die Gelehrten gewiß wissen, hat auf einem halben Bogen Raum, was sie aber glauben, das können viele Kamele nicht tragen.) *Vollkommenste Lebensvereinigung* habe ich also gesagt, allein warum soll ichs Ihnen verhehlen, daß der Philosoph dawider viel einwenden würde, weil dieser Begriff zu viel Poesie in sich schließt. Die Natur, meine Herren, ist der Positiv; die Philosophie und alle dahin einschlagenden Wissenschaften der Komperativ; die Poesie mit An- und Zubehör aber ist der Superlativ. Die Poesie ist die wahre Algebra, welches wir durch große Erfindungen in der Philosophie nachweisen könnten. Der poetische Kopf wird von der Imagination auf Dinge gebracht, und der philosophische rechnet das Exempel noch einmal über und macht die Probe dazu.

Vollkommenste Lebensvereinigung, sagte ich –: wer hierzu Kinderzeugen rechnet, der rechne es. Wer andere Grenzen annimmt, der nehme sie an. Dieser Begriff ist so voller Toleranz, daß jeder dabei seine freie Eheübung exerzieren kann. Sobald indessen ein Paar Eheleute zusammentreten, so muß es von ihnen abhängen, wie sie diese *vollkommenste Lebensvereinigung* im voraus bestimmen oder erklären wollen. *Nicht der Beischlaf begründet die Ehe, sondern die eheliche Zuneigung*, heißt es im Gesetzbuch, und an anderer Stelle: *Nicht die Defloration, sondern das Verlöbnis des Ehepartners begründet eine Ehe.* Es kann also Zeugung von Nachkommen nicht die Hauptsache sein. Mit einem Wort: es gibt *Seelen-* und *Körperehen*, wovon eine jede besonders, so wie beide vereinigt eine förmliche Ehe ausmachen. Ich habe in einem Rechtsgutachten handgreiflich bewiesen, daß auch Verschnittene heiraten können. Es kommt alles auf die Bedingungen an, und einem, der es so will, geschieht kein Unrecht. Ist indessen nichts vor der Ehe verabredet, so müßte die Ehe und die damit verbundene teure Pflicht im allerweitesten Sinne interpretiert werden. Soviel ist gewiß, daß die Ärzte auf diese Art bei Ehewerbungen beinahe mehr als die Juristen gebraucht werden dürften. Indessen heißt es auch hier: leben und leben lassen.

Zum Beschluß will ich noch die sehr kritische Frage: wie oft? mitnehmen. Die Frage ist von einer solchen Wichtigkeit, daß ich mich kaum der Wehmut dabei enthalten kann. Wie oft also? Ehe der Ackersmann nicht überzeugt ist, daß seine Saat aufgeht, wird er nicht säen, und wenn ich mein Feld nur einmal des Jahres nutze, habe ich keine Ursache, es zweimal zu bearbeiten. Die Weiber sollten, um hierdurch ihre Männer beständig verliebt zu erhalten, dieses Vergnügen solange als möglich aussetzen. Indessen ist es eine gewöhnliche Sache, daß das Gegenwärtige und das Zukünftige ein sehr ungleiches Paar sind und das Gegenwärtige, sobald es zum Streit kommt, den Sieg erhält. Eine lebhafte Empfindung unterdrückt eine schwächere. Rechnen Sie, meine Herren, diesen Satz durch alle fünf Spezies der Sinne durch: Sie werden ihn richtig finden. Wer Hunger hat, ißt, wer müde ist, schläft, und nur der gemeine Mann fühlt die Glückseligkeit, daß es alle acht Tage einen Ruhetag gibt. Unser aller Trost ist, daß die Werke der Liebe und der Not auch am Sonntag erlaubt sind. Wenn indessen darüber gestritten werden sollte, ob der Ehemann zu sparsam wäre, so müßte es ihn vor allen Gerichten schützen, daß er wie ein Ackersmann verfahren ist.

Um der aufgeworfenen Frage näherzukommen, will ich diese Ermahnungsrede abbrechen und bemerken, daß von Weisen und Toren durch Gesetze und durch Ratschläge eine bestimmte Zahl festgesetzt worden ist. Indessen ist es mir allemal sehr erwecklich gewesen, daß die Gelehrten, nach dem Talmud, nur alle zwei oder drei Jahre die Hochzeitsnacht wiederholen dürfen. Akademisten verdienen diesen Rahmen mehr als andere, weil sie nicht nur gelehrt sind, sondern auch andere gelehrt machen. Gegen kleine Honorare geben sie ihren Schülern, so wie die Erde dem Mond, vierzehnmal mehr Licht, als sie erhalten. Schließlich bitte ich meine hochgeehrten Herren, sich nicht fernerhin mit Abendmusiken, meiner Frau zu Ehren, in Kosten zu setzen.

Das dritte Kapitel

Warum die Ehen heilig genannt werden

Wenn der Hahn die Henne tritt, so verrichtet er kein *heiliges* Werk, denn gleich darauf tritt sie ein anderer. Zwei Leute, die ihre Leiber einander widmen und von anderen ausschließen, *heiligen* sich, und es ist gewiß, daß der Ehestand eine Art von geistlichem Orden ist, wo man das Gelübde der Beständigkeit und Enthaltsamkeit leistet, wozu bei den Frauen noch das Gelübde des Gehorsams kommt. Wenn ein Sakrament eine Handlung heißt, die durch die Offenbarung bestätigt wird, so ist es die Ehe. Die Liebe ist durch die Natur gestiftet, die Ehe aber durch die Vernunft. Wer du auch deines Glaubens und Vaterlandes seist, nach Stand und Würden, geschätzter Leser, so wirst du mir wenigstens so viel zugeben, daß in einem Staate nichts heiliger als die Ehe gehalten werden sollte.

Ein Vogel ist vollkommen, sobald er fliegen kann, allein ein Kind ist es noch lange nicht, wenn es gleich zu gehen versteht. Die Erhaltung, sagen die Theologen, ist die zweite Schöpfung, und nichts ist wahrer als jener königliche Gedanke, daß man seinem Erzieher mehr als seinem Erzeuger zu danken hat. Die Erziehung ist die Haupteigenschaft der Ehe, wodurch sie dem Staate so ehrwürdig wird. Die Tiere kennen und lieben ihre Jungen nicht länger, als bis sie groß sind. Die Zuneigung der Eltern gegen ihre Kinder dauert nicht allein, solange sie leben, sondern pflanzt sich auch auf die Enkel fort. Ich sage mit Fleiß: bis auf die Enkel, denn kommts weiter, so ist man gegeneinander kälter. Man frage sich selbst, ob man dem Adam wohl die Hand küssen würde.

Ein Kind, wenn es auf die Welt kommt, ist noch kein Mensch, es wird erst einer. Und du, heiliger Körper des Staats, brauchst du einen Redner, einen Helden, einen Scharfrichter, einen Nachtwächter, einen Postillion: nichts wird dir *geboren*, alles *erzogen*. Ein Edelmann wird geboren, sagt man. allein man sagt mehr Unrichtigkeiten als diese. Lege des Kutschers kleinen Jakob in die hochadlige Wiege und nimm den Junker Alexander und lege ihn in den Stall. Wer wird sie kennen? Die *Geburt* wird nur in Erbmonarchien für den Staat bedeutend, und nur die Herrscherfamilie sollte auf die Geburt stolz sein.

Das vierte Kapitel

Über die Treue in der Ehe

Der Männer

Du, der du als Richter nicht Geschenke nimmst, weil es wider deinen Amtseid ist, weißt du, daß du ein Meineidiger bist, indem du deiner Frau untreu geworden? Wer zwang dich, ins Ehekloster zu gehen? Warst du nicht lange genug im Noviziat? Da du aber einmal die Gelübde abgelegt hast, warum wirst du niederträchtig? Wenn es keine Sünde wäre, neben dem Ehebett noch eine Ruhebank zu haben, so würde es schon darum unverantwortlich sein, weil es wider dein einmal gegebenes Wort ist. Ein Wort, ein Wort, ein Mann, ein Mann. Und wenn es dir schwer wird, Blumen zu sehen und sie nicht brechen zu dürfen, so ziehe in ein Haus ohne Garten. Ein Frauenzimmer gibt ihre Schönheit auf Leibrenten aus, wenn sie heiratet, und wie unverantwortlich würde es sein, einen Kontrakt dieser Art zu schließen und das arme Kind hernach hungern zu lassen.

Es wäre viel zu deiner Entschuldigung, wenn dich deine Ehefrau mit einem Paß für die Nebenwege versehen oder wohl gar eine Maklerin deiner Ausschweifungen sein sollte. Allein glaubst du dich dadurch rechtfertigen zu können? Der Staat ist hier Schiedsmann, und sobald es ausgemacht ist, daß nur ebensoviel Weiber als Männer in demselben geboren werden, so ist es Mord und Raub, sich nicht mit *einer* behelfen zu wollen. Ist es aber sogar wahr, daß in einem Jahr mehr Knäbchen als Mädchen geboren werden, so hast du Ursache, dem Himmel zu danken, daß du eine Frau hast, und die europäischen Staaten haben Ursache, die Eherechte auf alle nur mögliche Weise in Schutz zu nehmen und Ausschweifungen wie auswärtige Lotterien zu verbieten. Menschen sind das beste Produkt, das ein Land tragen kann, und die Bevölkerung ist die größte Achse im Staat, um die sich alles dreht. Die Bevölkerung dient zur Festung wider den Nachbarn und zum Magazin für den Bürger. Kein Boden ist so schlecht, daß er nicht Menschen nähren sollte. Wenn deren Hände nichts ausrichten, so haben sie noch etwas, welches auch auf felsigem Acker Frucht trägt: Verstand.

Der Ehepatron der protestantischen Kirche, Melanchthon, erlaubte dem Landgrafen Philipp, eine zweite Frau zu nehmen. Die Sache an sich ist eben so unerhört nicht, wenn ich nur wüßte, wie dieser geistliche Mann zu der Vollmacht gekommen ist, diesen Fall zu entscheiden. Wenn ein Landesherr eine unfruchtbare Gemahlin hätte und das Land deshalb verlegen wäre, so würde sich alles von selbst ergeben. Der, welcher die Gewalt hat, kann in diesem Fall privilegieren, allein es müßte nicht auf seinen Appetit, sondern auf den Vorteil des Staats dabei gesehen werden. Man reizt den Appetit durch verschiedene Speisen. Es gibt Völker (die Malabaren), die nur einerlei Speise genießen, und diese sind nicht so gefräßig.

Nicht allein aber der Staat, sondern das eigne Hauswesen sollte dich zur Treue in der Ehe ermuntern. Du entziehst deinen Kindern das, was die Gesetze ihnen zuerkannt haben, und schändest dich selbst, da du, anstatt Söhne und Töchter zu zeugen, Bastarde zur Welt bringen läßt, die du vor aller Welt verbergen mußt, die dein Weib verabscheut und denen du in jedem deiner rechten Kinder einen Todfeind erziehst. Ein Mann, der seine Frau verachtet, verachtet auch seine Kinder, denn er verwünscht die Gelegenheit, die ihn zum Vater gemacht hat.

Die Liebe hat bloß das Vergnügen zum Endzweck; in der Ehe ist dieses gegen andere, wichtigere Obliegenheiten eine Kleinigkeit. Willst du deine angetraute Frau bloß als einen Gegenstand der Freundschaft ansehen, so hättest du dazu kein Frauenzimmer nötig. Hältst du ein Frauenzimmer zu gewissen Dienstbezeigungen, die besonders auf die Reinigung der Zimmer und deiner Wäsche hinauslaufen, für notwendig, warum nahmst du nicht deines Vaters alte Schwester ins Haus? Ein großer Geist muß sich nur in gewöhnlichen Handlungen zeigen: ungewöhnliche bringen auch den mittelmäßigen zu einem ungewöhnlichen Schwünge. Treue gegen die Frau und Enthaltsamkeit sind sehr gemeine Tugenden, allein wenn du eine solche nicht erreichen kannst, was will bei einer schwereren werden?

Sieh da, ungetreuer Ehemann, dein Weib seufzt, und deine Tochter lacht über dich. Du buhlst mit Doris, wenn aber Dämon mit deiner Tochter es ebenso machen wollte? Du tust etwas, wovon du wünschen mußt, daß es nirgendwo, am wenigsten in deiner Fami-

lie, geschehen möge. Wo der Hausvater ausschweift, will ich keine
Cousine oder Nichte heiraten; denn was ist glaublicher, als daß
dieser Bösewicht unter dem Zeichen der Freundschaft seinen Lüs-
ten genugtut und sein Haus zum Bordell und seine Familie zur
Huren-Wirtschaft erniedrigt.

Über die Treue in der Ehe

Der Weiber

Wenn ein Mann ungetreu ist, so ist es unrecht, wenn es aber eine
Frau tut, so ist es unnatürlich und gottlos. Die Vielweiberei ist nicht
ratsam, die Vielmännerei ist das schwärzeste Laster, das in der Welt
ist. Es ist nichts leichter, als Kinder zu erzeugen, nichts schwerer, als
sie zu erziehen, und welch Frevel, einem Manne fremde Kinder
aufzubürden! Die allergeringste Verletzung der ehelichen Treue
sollte die Ehe aufheben.

Bedenke, Ungetreue, daß dein Mann, da er um dich warb, dich
aus der Sklaverei befreite, in der du dich in dem Hause deiner Eltern befandest. Es ist sehr unrichtig geredet, wenn das Mädchen
von seiner verlorenen Freiheit spricht, wenn es heiratet. Es *kommt*
hierdurch zur Freiheit, und der Ehemann wird ein Sklave. Dieser
Begriff ist so natürlich, daß es bei sehr vielen Völkern Brauch ist,
dem Vater die Tochter abzukaufen. Fünfzig Sekel waren nach dem
Gesetz der Hebräer der höchste Preis für einen Sklaven, und soviel
erhielt auch der Vater für seine Tochter. Die Römer hatten eine Art
von Kaufheirat, und die Geschenke, welche sich allerorten die Ver-
lobten verehren, schreiben sich hiervon her. Dieser Umstand kann
sich indessen sehr wohl mit der Herrschaft vertragen, die dem
Manne im Hause gebührt.

Ein jedes Weibsbild soll sein: *eines* Mannes Weib. Es muß seinem
Manne nicht eigentlich darum treu sein, weil es solches versprochen
hat, sondern weil es sich von selbst versteht. Regeln haben Ausnahmen, und Gesetze leiden Privilegien: nur Naturgesetze nicht.
Ein Privileg vom Naturgesetz wäre mehr als ein Wunder; Wunder
kann Gott tun, allein vom Naturgesetz privilegieren kann er nicht.
Es ist gewiß, daß Privilegien nur von der Schwäche derer zeugen,
welche die Gesetze gegeben haben.

Ein Mann kann im Jahr dreihundertfünfundsechzig Kinder zeugen und im Schaltjahr noch eins mehr; ein Weibsbild kann nur *eins* in dieser Zeit zur Welt bringen. Die Ursachen, die ein Mann für sich anführen kann, wenn er ausschweift, fallen beim Frauenzimmer weg. »Ich kann nicht fasten«, könnte er sagen, »mein Körper verträgt es nicht: acht Monate kein Fleisch« –: oder um in eine andere Allegorie zu kommen: »Ich will meinem Nachbarn helfen, weil der Mann kein Angespann hat.« Wäre es nicht Staatspflicht, wenn die Pest ins Land käme, mehr als *ein* Kind alle Jahre mit patriotischer Freiheit in die Welt zu schaffen, besonders wenn die Pest mehr Männer aufgerieben hätte und viele Felder brach lägen? Hört man nicht auf, eine Arznei zu gebrauchen, wenn sie angeschlagen hat? Und wo gebietet das Naturrecht dem Manne, *da* unzählige Male zu säen, wo er nur einmal ernten kann?

Das wäre so etwas von dem, was ein Mann sagen könnte –: mit welchem Recht, ist nicht meine Sache zu untersuchen. Indessen ist es gewiß, daß einen Mann vorzüglich der Staat und sein reiflich erwogenes und deutlich gegebenes Wort bindet. Ein Weib aber bindet die Natur. Darum erlauben auch die Gesetze dem Manne (»wegen des berechtigten Schmerzes«) das erschreckliche Kriminalhausrecht, seine Frau und den Ehebrecher, wenn er sie auf der Tat betrifft, zu ermorden. Einer Frau aber, die ihren Mann ertappt, ist diese Rache nicht erlaubt. Was ist wohl im Staat schädlicher, als wenn die Weiber ausschweifen? Sie verderben nicht nur ihren eignen, sondern wenigstens noch einen anderen Mann. Sie sind Mörderinnen, die nichts zu ihrer Verteidigung anführen können.

Verachtet ihr nicht selbst jenes alte gnädige Weib, dessen Busen ein übertünchtes Grab ist und das doch von diesen so baufälligen Wällen Ausfälle wagt? Die ganze Stadt lacht darüber, und auch solche, die es über kurze Zeit ebenso machen werden, finden es unanständig, daß jene Frau hinter dem Rücken des Mannes einem Gecken die Hände drückt und, ohne daß ihrem Mann die Augen verbunden sind, mit ihm Blindekuh spielt. In Wahrheit, ein Weib, das die Fleischtöpfe Ägyptens einem häuslichen Vergnügen vorzieht, muß von der Natur dem Gerichte der Verstockung übergeben sein. Wehe ihm, wenn sich die Natur auf eine solche Art an ihm rächt! Die Wohnung einer galanten Frau ist ein öffentliches Haus. Sie wohnt wie unter freiem Himmel, denn der Zufluß von Gästen hebt die Gastfreiheit auf. Sie macht aus einem guten Hause eine Absteige oder ein galantes Findlingshaus. An dem schönsten Ort, den ich je gesehen, war mir in jeder Gesellschaft so zumute, als ob ich bezahlen sollte. Einmal hatte ich schon wirklich Geld in der Hand, um es der artigsten Wirtin, die ich gekannt habe, zu geben. Es war ein Glück für mich, daß ich mich besann. Ich hätte diese Frau um alles in der Welt willen nicht beleidigen wollen.

Die Gemahlin des Ulysses, Penelope dichterischen Andenkens, wird so vernünftig als keusch gemalt, allein es gefällt mir *ein* Zug nicht in dem Bild, weswegen ich auch dieses Stück keinem Damenkabinett empfehlen werde. Man umgibt sie nämlich mit einer Menge Liebhaber, die sie zwar hintergeht, die indessen doch die Erlaubnis behalten, ihr aufzuwarten. Ein Richter, der Geschenke abweist, ist in meinen Augen bei weitem nicht so erhaben als einer, dem sie nicht einmal angeboten werden, und wenn die Damen gleich keinen Liebhaber erhören, so ist es schon unrecht, daß sie Bittschriften annehmen. Ein Wassertropfen macht sich in dem härtesten Stein eine Höhle, wenn er oft darauf fällt, und ein gutes Wort findet, wo nicht heute, so doch morgen einen guten Platz.

»Was können Sie sagen, gnädige Frau, die Sie ein ordentliches System über die Grenzen der Weibertreue entworfen haben?«

»Mein Mann schweift aus, und warum sollte nicht auch ich?«

»Warum? Weil Sie eine Frau sind und er ein Mann ist! Glauben Sie, Ihren Mann auf den rechten Weg bringen zu können, indem Sie ihm ausweichen? Glauben Sie, darum zur Linken gehen zu können, weil er zur Rechten geht? Wenn Sie glücklich genug sind, Ihren Mann ins Ehegeleis zurückzubringen, so verdienen Sie hierdurch eine größere Bewunderung als zuvor, da denselben Ihre ihm noch unbekannten Reize fesselten. Der Ehrenkranz, den Sie an Ihrem Hochzeitstage wegen Ihrer *echten Keuschheit* trugen, kommt Ihnen dann wegen Ihres *echten Verstandes* zu. Wenden Sie die Koketterien, die Sie Ihren Liebhabern widmen, für Ihren Mann an und überlegen es selbst, daß es für Sie *wenig* Ehre ist, einen Liebhaber, *viel*, einen Mann zu haben. Es ist schwer, einen Mann treu und verliebt zu erhalten, oder, um figürlich zu reden: den, der alle Kleider gesehen, durch ein anders gestecktes Band zu überraschen. Nichts aber ist leichter, als ein ganzes Regiment Liebhaber zu kommandieren. Wer wollte sich nicht zur Weiberfahne werben lassen, wo man so gut und sicher dient? Wer wollte sich nicht vergnügen, ohne die Zeche bezahlen zu müssen? Der Mensch hat den Vorzug vor den Tieren, die Natur zur Wollust verschönern zu können und das Vergnügen durch Vernunft dauerhafter und delikater zu machen. Dieser Vorzug sei Ihr Studium, Madame, und Ihr Lohn eine Tochter, die Ihnen ähnlich wird und die den Ersten nach dem Könige fesselt. (Den König selbst fesseln würde heißen, sich auf die schlimme Seite legen.)«

»Mein Mann ist aber mürrisch und widmet seinen Geschäften mehr Zeit als mir.«

»Undankbare! Die Zeit, die er zu seinen Geschäften aussetzt, ist auch Ihnen mit gewidmet; denn nur, um Sie standesgemäß zu unterhalten, ist er beschäftigt. Die Ehre, die er sich durch seinen Fleiß erwirbt, fällt mit auf Sie zurück. Dies ist die Frau des geschickten Mannes! wird man sagen. Und wie könnten denn alle Ihre Tage Festtage sein? Nichts tun heißt: nichts Gutes tun. Warum machen Sie es so, daß Ihr Mann sich neben überhäufter Arbeit noch in die Polizeisachen des Hauswesens mischen muß? Die ägyptischen Weiber mußten nicht anders als mit bloßen Füßen ausgehen, um sie durch diese Beschwerlichkeit zu Hause zu halten, und die Schnecke ist das durchs Altertum bestätigte Wappen der Weiber.«

Da es schwer ist, Frauenzimmern unangenehme Dinge zu sagen, solange man unverheiratet ist, will ich die Szene ändern und über diese Materie noch ein paar Worte den Männern ins Ohr sagen.

Einige Weiber glauben, sie müßten regieren, weil sie dem Manne Vermögen gebracht haben, und wenn ihnen ihre Männer den Thron nicht einräumen wollen, so suchen sie andere Eroberungen zu machen. Haben wir doch das Geld gehabt, sagen sie. Aber das Geld, was ein Weib seinem Manne bringt, ist eine solche Kleinigkeit, daß es keine Bemerkung verdient. Männer, die selbst eine Sache von Wichtigkeit daraus machen, verdienen Lakaien bei ihren Weibern zu sein. Es gibt Dinge, die kein Mensch bezahlen kann: Gesundheit bei uns allen und ein Ehemann bei den Weibern sind die vorzüglichsten darunter. Ein Mann verkauft seine Freiheit, um seine Frau aus der Sklaverei zu befreien, und begeht damit eine ebenso große Handlung, als man sie in der Geschichte des Damon und Phintias bewundert (die aber wegen des dazukommenden Dritten, des Dyonisius, nicht völlig auf die Ehe paßt). Was wir nicht selbst erwerben, gehört uns auch nicht: und welches Weib hat ihr Kapital selbst erworben? Es erbte, es bekam geschenkt –: alles kommt von einem Manne, und wenn es sein Kapital seinem Ehemann zubringt, so gibt es nur zurück, was von seinem Geschlechte kam. Bei den Juden erbten die Söhne, die Töchter nur, wenn unglücklicherweise keine Söhne vorhanden waren, allein zum Beweise, daß sie nur damit belehnt wären, mußten sie in ihrem Stamme heiraten.

Oft sind die Weiber aus Ursachen ungetreu, um welcher willen sie täglich ihren Mann um Vergebung bitten sollten.»Ich habe nicht Kinder von ihm«, sagen sie. Warum hast du nicht Kinder, Wahnwitzige? Es kann dem Mann in solchen Fällen weit seltener etwas zur Last gelegt werden. Der Tau hilft keinem felsigen Acker aus.

Indessen ist es ausgemacht, daß die Weiber gern Kinder haben mögen, weil das Tändeln ihnen angeboren ist. Ein Mädchen spielt weit länger mit der Puppe als ihr kleiner Bruder, so ungleich geschwinder es auch an Seele und Leib wächst. Es muß auch diese Sache, wie mich dünkt, einen größeren Reiz für das andere Geschlecht haben als für uns, weil sie für selbiges von größerer Schwierigkeit begleitet ist. Auch glaube ich, daß sie darum so sehr Kinder lieben, weil kein Geschöpf zum Zungengebrauch so sehr erschaffen ist als ein Frauenzimmer.

Ehen, die von Kindern begleitet werden, haben unstreitig die besten Anlage zum Gutwerden. Überhaupt aber vermag ein Mann, der *sattelfest* ist, alles im Hause. Die Frau verträgt alles von einem solchen Mann, sogar seine anderen Liebesausschweifungen, wenn er nur kein Geld dafür ausgibt. Männer, die in dieser Hinsicht unvermögend sind, heiraten gemeinhin die schönsten Mädchen; denn was ihnen in der Tat abgeht, ersetzen sie durch Worte. Schmeicheleien sind alles, was sie ihren Frauen opfern können. Ein Mann, der sich bewußt ist, daß er ein Mann ist, glaubt diese Kunstgriffe entbehren zu können, weil er einen *männlichen Vortrag* hat. Witwen greifen nach ihm, auch Mädchen, die was versucht haben; unerfahrene Mädchen, die sich durch Schmeichler betäuben lassen, beklagen ihren Irrtum –: und führen später das Regiment; der Mann sei so klug, als er wolle: er schwingt sich nicht auf den Thron.

Was bleibt in solchen Fällen einem baufälligen Manne übrig? Kann er seine Frau dazu bringen, in Korrespondenz mit dem benachbarten Frauenzimmer zu treten, so hat er gewonnenes Spiel. (Denn man liebt alles, was man geschrieben hat; man verteidigt seine schriftlichen Aufsätze, seine Worte weniger.) Kann er seine Frau sogar zu Versen bringen, so wird sie Adonis nicht verführen. Ein Seelenerbe ist ihr lieber als zehn Leibeserben. Findet die Frau aber am Schreiben kein Vergnügen, so lege der Mann ihr ein niedliches Hündchen zu; das vertritt manche Stelle. Insbesondere aber rate ich jedem schwächlichen Ehemann, sich einen Garten zu kaufen und seine Frau in dieses Vergnügen einzuflechten. Das tut mehr als alle Bälle und Konzerte oder ein neues Kleid. Ich weiß, daß dieses die gewöhnlichsten Mittel sind, allein sie sind auch die gefährlichsten. Wenn die Frau eines Mannes dieser Art eine Tulpe pflanzt, so stehts gut im Hause; geht sie aber morgen auf den Ball, übermorgen ins Konzert, Freitag in die Komödie, so ist sie auf dem Wege, ihre Reize zur öffentlichen Versteigerung auszubieten, und du, lieber Ehemann, sinne darauf, ihr entweder den Scheidebrief zu geben oder ein Sokrates zu werden.

Das fünfte Kapitel

Über die Herrschaft in der Ehe

Den Männern kommt das Regiment zu, und jeder Ehemann ist Justitiarus in seinem Hause. Die Gesetze, nach denen er urteilt, heißen das Hausrecht. Hausrecht bricht Stadtrecht, Stadtrecht bricht Landrecht, Landrecht bricht Kaiserrecht. Inwieweit einem Ehemann die Gerichtsbarkeit über Hand und Hals zusteht, ist schon oben angemerkt, und es ist gewiß, daß zu den alten Zeiten ungetreue Weiber dem Urteil ihres Mannes unterworfen waren. Schwangerschaften verhindern alle Ehrenstellen, mithin auch die Hausregierung, und zwar nicht bloß, wenn die Frau Wochen hält, sondern so lange, als sie schwanger ist. Schrecken, Verdruß und überhaupt alle unverhofften Vorfälle haben einen so ausgemachten Einfluß auf schwangere Personen, daß man jeden Stein des Anstoßes aus dem Wege schaffen muß. Die Natur selbst hat also die Weiber zum Regieren unfähig erklärt. Die Handarbeiten sind, bis auf das Schneiderhandwerk, wenn es bei Frauenzimmerkleidern bleibt, gleichfalls den Weibern nicht angemessen. Zu Beinkleidern kann keine Weibsperson maßnehmen, denn da sie stark in der Einbildung sind, so wird man finden, daß junge Mädchen sogar selten Mannshemden passend machen. Sie sind immer verschnitten.

Wenngleich Ihr Mann weniger Verstand hat als Sie, Madame, schadet es nicht, daß er Herr im Haus ist. Wie klug handeln Sie, wenn Sie der Natur nicht widersprechen und sich wie ein Minister im Kabinett eines blöden Herren führen, der seinem Allergnädigsten alles zur Stempelung vorlegt. Glauben Sie, Madame, hierdurch etwas zu verlieren? Es ist unnatürlich, daß die Weiber regieren, und unanständig, wenn sie es zeigen, denn die eheliche Gesellschaft ist nicht gleich. Sei der betrübte Sündenfall oder sonst etwas Betrübtes schuld daran, so ist so viel gewiß, daß der Mann nicht nur wegen der Schwangerschaften, sondern auch wegen Säugung der Kinder und der monatlichen Erinnerungen der weiblichen Schwachheit seine Frau von der Regierung ausschließt. Wer weiß es nicht, daß eine kluge Frau den Mann so vorzubereiten imstande ist, daß er nur das befiehlt, was sie selbst will?

Von dieser Art sollten überhaupt Gesetze sein. Wo man Gesetze anderer Art gibt, da steht es schlecht mit dem Volk. Mit Gesetzen dem Menschen forthelfen heißt, ihn schlecht kurieren. Man muß nur das befehlen, was man auch ohne Befehl tun würde, und dort ermahnen, wo man jetzt in den meisten Fällen befiehlt.

Ein Weib muß schweigen in der Gemeinde ; es kann sich nicht verbürgen; es kann nichts ohne seinen Mann, der sein ehelicher Vormund ist; wie kann es da das Regiment begehren? Die Herrschaft eines Mannes über seine Frau ist indessen so verschieden von aller anderen Herrschaft, daß der Name bei der Sache allein das Fürchterliche ausmacht. Wer den Schwächeren unterdrückt, verdient allgemeine Verachtung; wer den Schwächeren bekriegt, verdient nie den Namen Sieger. Denn vom Duell an bis zum blutigsten Kriege muß der Streit allemal eine Wette sein, wo beiden Teilen unbekannt gewesen, wer den Preis erhalten werde. Es ist aus ebendiesem Grunde ein untrügliches Zeichen eines guten Herzens, wenn Frauenzimmer beschützt und verteidigt werden. Die Herrschaft des Mannes über die Frau muß nicht sein wie die des Verwalters über seinen Acker, sondern (nach dem Ausspruch eines Weisen des Altertums) wie die der Seele über den Leib. Wie ein Paar gleichgestimmte Lauten, würde besser sein –: denn sehr oft muß die Seele nachgeben. Wie ein Paar gleichgestimmte Lauten, sage ich, von denen die eine gespielt wird und die andere mitspielt.

Das sechste Kapitel

Zum Besten der Jünglinge

Protagoras, als er gefragt wurde, warum er seine Tochter seinem ärgsten Feind gegeben habe, antwortete: Weil ich ihm nichts Ärgeres geben konnte. (Vielleicht hatte er aber eine *böse* Tochter.) Demokritus nahm sich eine kleine Frau, obgleich er selbst groß war. Ich habe, sagte er, unter den Übeln das kleinste gewählt. Salomo spricht: Wer eine Ehefrau findet, der findet was Gutes und schöpft Segen vom Herrn. Wer hat nun recht, Protagoras, Demokritus oder Seine Königliche Majestät glorwürdigsten Andenkens Salomo der Weiseste?

Es ist schwer, nicht zu heiraten, allein weit schwerer ist es, in der Ehe glücklich zu sein. Ich glaube nicht, daß ein einziger Ehemann in der Welt es vollkommen sei. Vielleicht ist ers die meiste Zeit, allein es wird gewiß ein Schalttag kommen, wo ers nicht ist. Heiraten heißt, sich ein Haus anschaffen und im Kaufvertrag geloben, es nicht zu verlassen, wenn auch der Blitz die eine Hälfte niederrisse, der Sturm das Dach beschädigte und eine Dachpfanne dir selbst den Kopf halb spaltete. Heiraten heißt, ein Schiff befrachten, ohne daß jemand die Versicherung darauf zeichnen, will. Heiraten heißt, eine Erbschaft antreten, ohne den Nachlaß überrechnet zu haben, oder: gutes Geld in Scheidemünze verwandeln. Heiraten heißt, aus einem freien Menschen einen Leibeignen machen. Das Leben eines Ehemannes ist, bis auf den Punkt zu sterben, schon zu Ende. Man sollte sich ein Ehebett und ein Erbbegräbnis an *einem* Tag bestellen. Selten wird ein Ehemann mehr sein Glück machen: er müßte es denn mit der Tugend seiner Frau erkaufen. Alle Romane, alle Komödien hören mit der Heirat auf, weil das ewige Einerlei des Ehestandes keine Dinge abwirft, die einer Beschreibung wert wären.

Man nennt an einigen Orten Deutschlands heiraten: *sich verändern*, und wahrlich, man verändert sich. Ist die Frau häßlich, so mißfällt sie; ist sie schön, so gefällt sie anderen; ist sie reich, so mußt du hungern; ist sie arm, so ist sie schwer zu ernähren; ist sie klug, so will sie regieren; ist sie dumm, so versteht sie nicht zu gehorchen; ist sie jung, so befürchtet man ein schlechtes Schicksal, wenn sie fünfundzwanzig wird; ist sie alt, so braucht sie Pflege. Ist sie ... –: sie sei, was sie will: sie ist eine Frau, und das ist genug.

Was soll man tun? Tue, was du willst, sagt Sokrates, es wird dich gereuen. Was gereut aber am wenigsten: eine oder keine? Alle Menschen haben einen Hang zur Bequemlichkeit und wollen deshalb einen eignen Herd anlegen, und eine Frau ist eigentlich das Feuerzeug, ohne welches kein Licht angeschlagen werden kann.

Warum nicht ein abwechselndes Vergnügen? Weil wir vernünftige Menschen sind und die Seele allererst durch Erziehung das wird, was sie werden kann. Die Hurerei zieht eine Verachtung des menschlichen Geschlechts nach sich, und von dem menschlichen Geschlechte schlecht denken heißt, auf dem Wege sein, ein schlechter Mensch zu werden. Wir sind zur Gesellschaft geboren, und wo ist ein festeres Band als die Ehe?

Warum nicht eine Konkubine? Thomasius eröffnete zu Anfang dieses Jahrhunderts einen Streit über die Rechtmäßigkeit des Konkubinats. Der Streit betraf indessen bloß ein Wort und wurde darum so gelehrt geführt, weil beide Parteien sich nicht verstanden. Bei den Römern wurde das Konkubinat geduldet, in neueren Zeiten aber verboten. Redet man vom Konkubinat auf Zeit, so bin ich ganz dawider, weil man keine Ehe auf Jahre schließt und keine Frauensperson verpachtet werden kann. Ich würde die Vielweiberei nur da zugeben, wo sie die Natur durch eine unproportionierliche Anzahl von Mädchen billigen würde. Allein kein Konkubinat auf Jahre ist selbst hier erlaubt, weil es der Kinder wegen, die nicht den Eltern allein, sondern dem Gemeinwesen mit gehören, von nachteiligen Folgen begleitet sein muß. Was aber die Nebenehe betrifft, so ist dieselbe kein Bubenstück. Gibts doch die morganatische Ehe, und damit man diese *leichtfertige* Beiwohnung in eine *christliche* verwandle, so schicke man zum Geistlichen und gebe der Konkubine die linke und dem Herrn Pfarrer seine Gebühren mit der rechten Hand.

Verzeihung! Das war im Schlaf des ersten Kapitels geredet. Sobald ich wache, sobald ich die Weiber nehme, wie sie jetzt sind, so ist zu keiner Konkubine zu raten. Eine Konkubine muß im Tanzen, im Spielen und in anderen Dingen unterrichtet werden, die deine Frau schon als Kandidatin weiß. Sie hat keinen anderen Hausrat als sich selbst, und wer steht dir für den Wert desselben? Waren, die für halbes Geld verkauft werden, sind gemeinhin verdorben, aber es geschieht, wenn es Eßwaren sind, weil es warme Zeit ist. Eine Mätresse ist an kein Gesetz gebunden, denn die ganze Handlung ist gesetzwidrig. Hat sie Lust, mit einem anderen Mann zu ziehen, so kannst du sie nicht durch Urteil und Recht zurückfordern. Sie war nicht die Deinige, und es ist eine Schande, daß du der Ihrige zu sein bekennen mußt. Am Ende –: wenn du zwanzig Jahre lang von deinen Verwandten abgezäumt gewesen bist, wenn du in der Kirche im Winkel gesessen und dich zur Beichte mit niedergeschlagenen Augen geschlichen hast, weil jeder wußte, was du beichten würdest, wenn du ins Schauspielhaus, aus Furcht, dich getroffen zu finden, nur zu Trauerspielen gegangen bist, wenn du mit deiner Schwester Mann vier Prozesse geführt und dich mit deinem leiblichen Bruder geschlagen hast; am Ende tust du das, wovor du dich scheutest, und mußt noch obendrein die Deinigen reichlich beschenken, damit sie bei dir schmausen und, wenn sie weggehen, liebe Schwester! zu deiner Frau sagen. Hast du Kinder –: welche Kränkung für dich, wenn Knaben hinter deinem Wagen stehen, die deine Züge haben. Du gibst dein Bildnis auf den Trödel. Die Leute kennen es. Der Vater dieses Burschen wohnt, sagen sie, zur rechten Hand am Markt. Vortrefflich getroffen! Welch eine Herzbeklemmung muß es dir machen, wenn du deinen Sohn küssen willst und ihn nicht küssen darfst. Gesetzt, du läßt ihn legitimieren: ist er dann in seinen Augen legitimiert? Eben das Verbot des Vorwurfs zieht ihm die größten Vorwürfe zu. Ja, wenn der Fürst, der die Legitimierung genehmigte, auch Gedanken verbieten könnte! Der Vater bleibt immer ein Alteflicker, wenn der Sohn gleich drei Ahnen erhält. Ein schönes Haar, sagt eine Dame der anderen ins Ohr, und dein legitimierter Sohn wird rot, denn er hat es von seiner Mutter. So hoch bezahle ich die Reue nicht, sagte ein Philosoph.

Wenn ich auch nicht Beredsamkeit genug besitze, dich, lieber Jüngling, zur Ehe zu. bewegen, so glaube ich doch Gründe genug aufgeführt zu haben, die dich vor einer Konkubine warnen. Ich habe eine geraume Zeit geglaubt, daß es eine Ehre sei, wenn ein gemeines Mädchen sich in uns verliebt. Eine Vornehme, dachte ich, will dich nur zum Manne. Allein ich habe mich geirrt: eine Gemeine will nur deine Mätresse werden.

Diejenigen meiner Leser, welche nicht Lust haben zu heiraten, können die Fortsetzung dieses Kapitels überschlagen. Diejenigen aber, welche entschlossen sind, in diesen heiligen Stand zu treten, belieben eine Tasse Schokolade mit mir zu trinken. (Ich sage Schokolade, denn ich will mir den Vorwurf nicht machen lassen, den man Samuel Richardsons »Grandison« beilegt: daß zuviel Tee darin getrunken wird.)

Jüngling! deine Mutter und dein Vater freuen sich, bald den Geburtstag deiner Vaterschaft feiern zu können. Der Schöpfer hat dich zum Schöpfer gebildet. Bedenke, was es für ein Glück für dich sein wird, dich Vater nennen zu lassen, Freude an deinen Kindern zu haben. Wenn du lange nicht mehr bist, so werden noch vernünftige Seelen sein, die dem Himmel danken, daß du warst. Wahrlich, wer Kinder nachläßt, hört nicht auf zu sein. Der Ehe scheint das Menschengeschlecht seine Unsterblichkeit zu verdanken. Bedenke das göttliche Vergnügen, deine Kinder wachsen zu sehen. (Ich nenne es göttlich, weil es auch dem Schöpfer nicht zu klein war bei der Schöpfung.) Du siehst sie keimen, sprossen, blühen und allmählich reifen. Jede neue Beobachtung an ihnen ist ein Geschenk für dich. Eine Geburt zieht zehn nach sich. Ich habe bemerkt, daß auch ein Bösewicht von Mann an dem Tage, da seine Frau ihm ihre Schwangerschaft entdeckt, und an dem Tage, da sie niederkommt, sich keusch und züchtig hält und daß der Name Vater, den sein Sohn auf seinem Schöße lallt, ihn mehr von Ausschweifungen abhält als alles andere (das vierte Kapitel dieser Abhandlung nicht ausgenommen).

Ich lobe deinen Entschluß, lieber Jüngling, ein Ehepriester zu werden, allein sei behutsam, ehe du dich weihen läßt. Die Tugend und die Wollust, welche dem Herkules erschienen, waren *beide* Frauenzimmer. Es ist *eine* Sache, die uns glücklich oder unglücklich macht: es kommt nur auf uns an, wie wir es haben wollen. Du kannst alles eher loswerden als eine Frau. Zwar ist die Scheidung in vielen Ländern leicht, allein ein geschiedener Ehemann ist größerer Verachtung ausgesetzt, als man glauben sollte. Bei einer geschiedenen Ehefrau hat es wenig oder nichts zu sagen. Leute, die über Vorurteile weg sind, denken hier wie der gemeine Mann. Woher kommt dieses dem Anschein nach durch nichts begründete Ärgernis? Nichts ist für einen Mann unanständiger, als sein Wort zu brechen. Man verlangt von ihm, daß er eher bis ans Ende seines Lebens unglücklich sein als Befreiung von seinem Weibe suchen solle. Er soll gehen und sich nicht umkehren, er soll überwinden und nicht weichen, er soll ein Held sein und nicht bitten. Denn die Weiber bewegen nur, wenn sie bitten, so wie sie auch siegen, wenn sie fliehen. Ein Mann, der sich durch die Bitte eines Mannes zum Mitleid bewegen läßt, ist ebenso wie dieser zum Bettler geboren. Trotz, Mut, Standhaftigkeit sind die Pfeile, welche ein männliches Herz verwunden, wenn sie eine männliche Hand abschießt. Ich gehe nicht gerne mit Leuten spazieren, die sich umkehren, weit lieber mit denen, die durch einen anderen Weg in ihr Land ziehen. Es ist eine unnatürlich rühmliche Tat, daß Weiber in Sparta sich für ihre Männer hinrichten lassen wollten; es ist aber das schlechteste, was ich von unserem Geschlechte weiß, daß die Ehemänner sich durch die Kleider ihrer Weiber befreien ließen. Ein weibischer Mann ist unendlich unerträglicher als ein männliches Weib. Es kann kein traurigerer Anblick für einen Vater sein, als hiervon schon in der ersten Jugend seines Knaben Proben zu bemerken. Selbst Mütter sind mit solchen Söhnen unzufrieden, weil sie nach dem Tode ihres Mannes bei ihnen Schutz suchen wollen. Ist der Vater über die Beschaffenheit seines Sohnes ungewiß, so tut er wohl, seinen Sohn im siebenten Jahr an einen Zaun zu bringen, wo er übersteigen oder durchkriechen kann. Steigt er über, so ist er ein Mann, kriecht er aber durch, so bedaure der Vater, daß das sein Sohn ist, und lasse ihn Garnweber werden.

Was die Kinder betrifft, die in einem zerrissenen Ehebett erzielt werden, so werden sie nicht viel besser als Bastarde angesehen. Der Vater selbst hält sie dafür. Denn wenn der Mann einmal an seiner Frau zu zweifeln Ursache gehabt hat, so fällt ihm auch auf, daß sein kleiner Leopold blaue Augen hat. Blaue Augen? sagt er, richtig, Herr –: –: hatte doch blaue Augen. Der Perserkönig Darius ließ sich, sooft er sich zu Tische setzte, von einem Knaben dreimal zurufen: Herr, denke an die Athener! Und Leopold ruft seinem Vater unzählige Male zu: Herr, denke an den Menschen mit den blauen Augen!

Das erste, was ich dir, ehelustiger Jüngling, zu sagen habe, ist, daß du dir nicht gar zu übertriebene Hoffnungen von dem Glücke machst, eine Frau zu haben. Wer nicht hofft, muß auch nicht verzweifeln. Die Hoffnung an sich hat keinen sonderlichen innerlichen

Wert. Sie verliert aber noch die Hälfte davon, wenn man nicht auf sich, sondern auf andere hofft. Wer hofft, wird oft hintergangen. An Erfüllung Geschmack finden macht glücklich, nicht die Hoffnung. Doch will ich dir nicht alle Hoffnungen nehmen, nur die übertriebenen, die wir uns niemals über eine Sache machen dürfen, die uns in Kürze schon zuteil wird. Je näher wir der Sache sind, je weniger dürfen wir uns von ihr vorstellen. Es scheint, daß sich die Seele an dem Gegenstande, der sie so sehr hintergangen hat, rächt und ihn mit Verachtung straft. Plato macht die Verordnung, daß Weiber und Männer bei öffentlichen Leibesübungen nackt erscheinen sollen, und nichts ist geschickter, die Einbildungskraft zu dämpfen und nur auf eine einzige Sache einzuschränken. Es ist nicht gut, daß Mädchen ihre Schönheit verhängen: Man muß ihrer Tugend und nicht ihrem Tuche trauen. Noch ärger aber ists, daß sie Reize zeigen, doch Schatten dabei anbringen, die die Sache so, wie in der Malerei, erheben. Solange ein Wanderer nichts sieht, so geht er seinen Schritt, sobald er aber Türme erblickt, so nimmt er alle seine Kräfte zusammen und macht Sprünge oder wenigstens größere Schritte, so müde er auch ist. Wenn du zum Heiraten ausgehen willst, so sei es dir ebenso, als wenn du übers Feld gehen oder sonst eine Sache verrichten wolltest, die eben keine so große Vorbereitung voraussetzt.

Unter allen Eigenschaften, die ein Frauenzimmer empfehlen, hat die Schönheit den Vorzug. Die Ammen sagen von Töchtern: ein schönes Kind, von Knaben: ein starkes Kind. Das Frauenzimmer schreibt sich aus dem Paradiese her: kein Wunder, daß es niedlich ist. Ihre Seele und ihr Körper sind sich ähnlich: Sie sind beide nur schön. (Lies: *schön*, statt: *nur* schön, denn es ist ein Druckfehler.) Ein Frauenzimmer, das diesen Vorzug zu brauchen weiß, kann große Dinge ausrichten. Es überwindet den größten Helden und den stärksten Wucherer, ja sogar den tiefsten Gelehrten –: wenn er seine Brille bei sich hat. Wer weiß es nicht, daß Herkules, der ganz allein ein Regiment von Hydra-Köpfen schlug, zuletzt, um einem Frauenzimmer zu gefallen, sich maskierte und sogar gesponnen hat. »Es wäre schändlich«, sagte Alexander im Hinblick auf des Darius Frau und Tochter, »Männer zu überwinden und sich von ihren Weibern überwinden zu lassen«, und ich halte dieses für seinen größten Sieg.

Alle Mädchen wissen, daß sie schön sind, und auch die es nicht sind, glauben es zu sein. Kein Mann behält die Züge seines Angesichts, und wenn er es auch im Spiegel beschaut: er vergißt es wieder. Läßt er sich malen, weiß er nie, ob er getroffen ist. Frauenzimmer hingegen wissen es auf ein Haar. Schönheit der Seele können sie hei anderen ertragen, die des Leibes aber macht sie neidisch. Selbst schöne Mannspersonen sind ihr verhaßt, nur weil sie schön sind. Für andere Weiber können sie keine Freundschaft haben. Sie hassen sich untereinander, denn sie hassen alles, was schön ist. Recht häßliche Mädchen können sie leiden. »Sie ist recht schön«, sagen sie, »und doch will sich niemand zu ihr finden.« Warum sie so sagen, fällt in die Augen: sie konnten keine feinere Lobrede auf sich selbst machen. Sie haben gegen die ganze Mythologie keine Einwendung, außer gegen Madame Venus, weil sie hübscher ist als sie.

Ich spreche den Weibern Gefühl für die Schönheiten der Kunst ab. Sie können nur die Natur beurteilen, und in diesem Urteil trügen sie weniger als wir. Ein Gefühl für Malerei, für den Ausdruck in der Tonkunst, sofern es Natur, nicht Kunst verrät, gehört zu ihrem Gebiet. Der erste Gedanke, den man über eine Sache hat und den wir oft ausstreichen, ist ihre Sache. Alles, was zum Gebiet des bloß Natürlichen gehört, ist ihr Feld. Ein Weib wird einen besseren Brief schreiben als ein Mann, allein in der Dichtkunst hat die Natur nur zuweilen mit einigen einen Scherz getrieben. Die Weiber selbst sind nur natürlich schön gebaut, der Bau der Mannspersonen ist künstlich schön.

Auch muß ich bei dieser Gelegenheit noch anführen, daß die Weiber große Mannspersonen vorziehen. Auch eine starke Brust, lange Finger und eine männliche Hand machen auf sie eine schnelle Wirkung.

Da die Natur das Frauenzimmer berufen hat zu gefallen, so ist es ihm erlaubt, alles dazu anzuwenden. Es sucht seine Schönheit vorteilhaft zu zeigen, und daran tut es recht. Wenn es aber Mühe darauf verwendet, Mängel der Natur zu verbergen, dann beleidigt es die Natur und betrügt die Mannspersonen, allein es betrügt sich auch selbst am allermeisten. Wenn man auf dem Nachttisch blaue Adern, Zähne und gesunde rote Farbe findet, so sollte man zuletzt glauben, man fände auch Augen, Nasen und Ohren. Was kann hieraus anderes als Verachtung entstehen? Die geringste Kunst, die ein Frauenzimmer unmittelbar an seinem Körper anbringt, führt auch uns vom Wege der Natur auf der Galanterie. Wir wechseln seine falsche Münze mit gleicher falschen Münze aus und glauben, eine Person gleichfalls betrügen zu dürfen, die uns zu betrügen glaubt.

Diese Art von falscher Schönheit läßt sich indessen leicht entdecken. Es gibt aber eine, die schwerer zu entdecken ist, und zu dieser kann ich dir keinen Probierstein geben. Frauenzimmer verstehen es besser als wir, das Gesicht in der Gewalt zu haben. Ihre Physiognomien sind unsichere Hypotheken. Sie spielen ständig eine Rolle. Frau Gräfin macht ein niedliches bürgerliches Trauerspiel, Frau Baronin ein allerliebstes rührendes Lustspiel. Traue nicht ihrem Negligé! Bas Frauenzimmer verwendet eben darum, weil es weiß, daß wir seinen Reiz danach beurteilen. die meiste Geschicklichkeit darauf. Auch traue seiner Krankheit nicht. Es weiß mit Anstand im Bett zu liegen, und ich wette: es sinnt sogar darauf, schön zu sterben. Auf der linken Seite wird Madame liegen, wenn sie stirbt: das steht ihrem Gesicht am besten.

Die Seele hat zwar den ganzen Körper gemietet, allein sie residiert im Oberstockwerk. Man könnte sagen, daß sie zum Fenster herausguckt, weil man sie zuweilen im Auge beinahe sieht. Jeder große Mann hat daher einen Blick, den niemand als er mit seinen Augen machen kann. Dieses Zeichen, das die Natur in sein Angesicht legte, verdunkelt alle körperlichen Vorzüge und macht einen Sokrates zum schönen Mann in einem besonderen Sinne. Frauenspersonen haben nie was Großes im Auge, allein was Schönes, was Liebenswürdiges, ein gewisses Wohlwollen, eine gütige Teilnehmung, Gefälligkeit, Anständigkeit.

Das Gesicht der Frauenspersonen ist übrigens von Messing, es glänzt, allein es ist nicht dauerhaft. Alles, was geschwind wächst, vergeht auch geschwind. Ein einziges Kindbett pflegt oft greuliche Verwüstungen anzurichten und keinen Stein auf dem anderen zu lassen. Allein darum hört das Frauenzimmer nicht auf, schön zu sein. Seine dauerhaften Reize sind eine niedliche Hand und ein artiger Fuß. Verliebe dich in eins von beiden, wenn du Schönheit haben willst, und siehe das Gesicht als ein Geschenk an, das man nimmt, so wie es gegeben wird. Die Nägel an den Fingern sind mir die feinsten Schönheiten, und es würde mich sehr niederschlagen, wenn ich eine Frau hätte, der ein Nagel während der Ehe verunglücken sollte. Sonst muß ich noch anmerken, daß der größte Reiz des Frauenzimmers im Busen besteht. Ein nacktes Frauenzimmer wird sich, obgleich es solches an anderen Orten noch nötiger hätte, den Busen mit den Händen verhalten. Die Natur selbst hat den Busen für den größten Reiz erklärt und als das beste Brot ans Fenster gelegt. Unser Herz hängt daran, und dieser Geschmack ist beinahe allgemein. Die Natur scheint es gerne zu sehen, daß wir diesen schönen Teil vorzüglich lieben, weil dieser Reiz mit Nutzen verknüpft ist.

An Höfen und in großen Städten findet man die schönsten Mädchen, denn alles, was im ganzen Lande schön ist, zieht dorthin, um sich vorteilhafter anzubringen als in der Provinz. Die Natur hätte, wenn sie eine Bildergalerie anlegen wollte, ihren Schauplatz nirgends anders als am Hofe wählen können.

Das wäre eine Tasse von der Schönheit. Das übrige will ich trocken sagen. Wir heiraten alle lieber ein eingezogen lebendes Mädchen, ein Frauenzimmer aber heiratet lieber einen Bösewicht. Die Weiber glauben, ihre Männer während der Ehe zu bekehren, ein Mann aber zweifelt an aller Besserung des schönen Geschlechts. Sie haben beide nicht völlig unrecht, indessen, wenn ich raten soll, nehmt euch, Jünglinge, kein Mädchen, das sehr eingezogen gehalten worden oder vorzüglich still und ehrbar erzogen ist. Die Galanterien in Italien, wo man jetzt nur heiratet, um ein großes Haus zu halten, entstehen insbesondere daher, weil die Mädchen aus dem *Kloster* in die große Welt kommen. Man muß die Eitelkeiten der Welt kennen, wenn man sie verachten will. Augustinus dachte in seiner Jugend nicht an seinen »Gottesstaat«, und Leute, die weit in der Welt gewesen, wohnen ohne Anstand auf dem Lande. Wenn ein Mädchen das nichtswürdige Gaukeln eines stutzerischen Marktschreiers nur einige Male angehört hat, so sehnt sie sich nach einem *guten* Schauspiel. Hat es diese Gaukelei zu sehen keine Gelegenheit gehabt, so glaubt es vielerlei bei ihr zu finden und wird oft aus Neubegierde ungetreu. Ein aufrichtiges Mädchen verdient einen besseren Mann als eins, das es an Schönheit übertrifft, aber heuchelt. Ein Mädchen dieses Schlages schweift in der Ehe entweder mit der Seele oder mit dem Körper aus: es wird entweder eine Buhl- oder eine Betschwester werden. Die verfluchten Schwestern!

Glaube nicht, daß eine Betschwester eher als eine Buhlschwester zu ertragen sei. Bei dieser lebt der Mann wenigstens einen guten Tag, bei jener aber wird er nie fett werden.»Mann«, schreit sie und wirft ihm wohl gar ein heiliges Buch an den Kopf.»Du Parther und Meder und Elamiter und die sie wohnen in Mesopotamien und in Judäa und Kappadozien, Pontus und Asien, Phrygien und Pamphy- lien, Ägypten und an den Enden von Libyen bei Kyrene, du Jude und Judengenosse, du Kreter und Araber!« und dann macht sie ein frommes Gesicht und spricht ganz leise:»Apostelgeschichte, Kapitel 2, Vers 9 bis 11.«

So wenig wie ich dir aber eine Heuchlerin anrate, ebenso wenig kann ich dich zu einer Freidenkerin aufmuntern. Nichts ist abscheu- licher als ein Frauenzimmer, das gegen seine Kirche spricht. Ein kleiner Aberglaube kleidet es, geläuterte Begriffe ihrer Religion machen es verehrenswürdig. Ein Weib, das keine Religion hat, hat noch weit weniger einen Mann.

Die Weiber reden gern. Ein großer Mann ist still und lernt in einer Gesellschaft lieber griechische Vokabeln, als daß er sich unterhält. Wer viel spricht, kann nicht immer gut sprechen. Nimm es aber als richtig an, daß jedes Weib, das nicht spricht, dumm ist.

Kein Frauenzimmer kann einen Brief ohne Postskript schreiben. Es hat sich kurz gefaßt, wenn es mit zweien auskommt, und lako- nisch, wenn nur eins vorhanden ist.

»Gut«, sagte die Frau von ..., in deren Gegenwart ich diese An- merkung zu machen mir die Freiheit nahm, »gut, mein nächster Brief soll Sie widerlegen.« Ich war neugierig, allein nach ihrer Na- mensunterschrift kam die Frage:»Ist das nicht wirklich ein Brief ohne Postskript?« und dann noch hinterher:»Wer hat nun verloren, ich oder Sie?«

Selbst die Leidenschaften, die uns den Mund binden, scheinen die Weiber nicht stumm zu machen. Ihr Schmerz wenigstens ist beredt. »Bald«, schreibt eine Frau, die in unglücklicher Ehe lebt, »bald wer- de ich nicht mehr sein. Ich vergebe es meinem Mörder; möchte es ihm doch Gott vergeben. Ich weine über ihn tausend Tränen, doch soviel Ursache ich auch hätte, ihn zu verachten, sosehr wünschte ich, in seinem Arm zu sterben. Vielleicht ist dieser Brief der letzte, den ich an Sie schreibe. Wenn Sie mir antworten, so vergessen Sie mir ja nicht zu berichten, ob ich die Spitzen für den abgemachten Preis erhalten kann. Auch bitte ich, liebste Schwester, meinen Halsschmuck mitzusenden, denn ich glaube, der Juwelier wird den Stein schon eingesetzt haben. Wir haben hier auf dem Lande schlechtes Wetter. Gott sei meiner armen Seele gnädig.«

So geht es auch mit ihrem Zorn. Ja, selbst bei den zärtlichsten Empfindungen der Liebe sprechen sie, wiewohl nur einsilbig. Zu seufzen schämen sie sich, und doch ist das ihre Sache. Wir schämen uns zu weinen und seufzen lieber, obgleich nichts unanständiger ist, als wenn eine Mannsperson seufzt. Tränen sind männlich, Seufzer weiblich. Man wird sich über die Seufzer eines Mannes kaum des Lachens enthalten können, wenn man vernünftig ist. Und keine Weiberträne rührt. Sieh aber einen Mann weinen: gleich hast du Tränen in den Augen, als ob das ganze Geschlecht mitweinen sollte.

Noch ganz geschwind merke dir, daß du dir keine Frau unterwegs heiratest. Wir sind unterwegs alle verliebt, und wenn man in gewissen Jahren ist, so kann man kaum vors Tor gehen, ohne sich zu beweiben. Vielleicht empfinden wir uns alsdann dem Naturzustande näher. Auch die gesunde freie Luft muß man einbeziehen und die Munterkeit des Gemüts. So viel ist gewiß, daß man sich in acht nehmen muß. Die Mädchen in den Wirtshäusern kommen daher gemeinhin ohne Priestersegen in andere Umstände, und die Weiber in Gasthöfen müssen eine große Tugend haben, wenn sie den Nachstellungen widerstehen wollen.

Auch, liebe Freunde, will ich euch raten, nicht zu nahe in die Verwandtschaft zu heiraten. Wir sehen selten Leute, die nahe verwandt sind, als Eheleute glücklich. Gemeinhin geschehen solche Heiraten, weil sie wegen des zu vertrauten Umgangs, in welchem die Personen schon gewesen, notwendig sind. Und alles, was geschehen *muß*, geschieht mit Mißvergnügen. Ich würde denjenigen Personen, die sich ohne Umstände küssen können, verbieten, einander zu heiraten.

Endlich: suche dir eine reine Jungfer! Die Jungfernschaft ist der Mai im Jahr, die Blüte am Baum, der Morgen am Tage. Die Jungfernschaft ist eine solch feine Sache, daß man kaum davon sprechen kann. Ein Mädchen verliert sie in dem Augenblick, in dem sie das Wort nur ausspricht. Uns aber kann kein Wort so sehr in Feuer setzen als dieses. Es gibt zwar Gesetze, die, eine Hure zu heiraten, für einen Schlüssel zum Himmelreich erklären, allein die Natur ist gegen diese Verordnung. Man sagt, Früchte, von denen die Vögel gekostet haben, schmecken am süßesten, allein dieses gilt nicht für Mädchen. Es ist ohnedem jede feine Lust etwas bitter, die subtilste Süßigkeit hat einen Schmerz bei sich und ein alter Wein etwas Herbes.

Wer wissentlich eine Hure heiratet, ist entweder ein Schelm oder will es werden, heißt ein viel natürlicheres und vernünftigeres Sprichwort, und nichts ist gewisser, als daß ein Mann, der sich über diesen Punkt wegsetzen kann, zu allen nur möglichen Niederträchtigkeiten imstande ist.

Nichts ist billiger, als daß die Gesetze auch nur Genotzüchtigten keinen Brautschatz verstatten. Schon ein allgemeiner Verdacht, in welchem ein Mädchen steht, sollte dich ängstigen, lieber Jüngling. Man kann es der Tulpe am Morgen nicht ansehen, ob sie schon aufgeblüht war oder heute erst aufblühen wird. Als Beweis bleibt dir nur des Mädchens guter Ruf, seine vernünftige Erziehung und seine tugendhafte Mutter übrig. Es kommt überhaupt bei dieser Sache beinahe mehr auf das an, was sie scheint, als was sie ist.

Die Jungfernschaft ist ehrenwert,
doch nimm vorlieb, was Gott beschert.

Was denkst du von diesem Reim?

Das siebente Kapitel

Für die Mädchen

Ein Mann hat mancherlei Beruf: ins Feld zu ziehen, das Bürgerrecht zu gewinnen, als Ratsmann zu schwören, ich zum Beispiel, über die Ehe zu schreiben; ein Frauenzimmer hat einen einzigen: zu heiraten. Dein Plan ist also gemacht, liebes Mädchen, die Mittel dazu sind allein deine Sache. So wenig dir zu tun übrig bleibt, 1341 so sehr ist es deine Pflicht, deiner Bestimmung Ehre zu machen.

Einige glauben durch Eingezogenheit fesseln zu können, andere durch Gefälligkeit, die oft ausartet. Letztere stehen in einem Laden und tragen so gar kein Bedenken, ihre Waren dem Vorbeigehenden anzubieten, damit nur ja kein Stück von ihrem Kram, wie die Kaufleute sagen, ein Ladenhüter werde. Es ist wahr, daß, wenn die Narren zu Markte kommen, sich die Kaufleute freuen, allein oft machen diese guten Kinder Bankrott, weil man beim Handel wagen muß, und wer wagt, gewinnt seltener, als er verliert.

Mein Rat, liebes Mädchen, ist der: wenn deine Mutter eingezogen lebt oder für eingezogen lebend gehalten wird, gehe zuweilen ans Fenster oder (wenn ich so dreist reden darf): trete ins Gewehr. Ist aber deine Mutter eine ..., so mußt du übertrieben still leben. Spricht sie mit dem Herrn Nachbar, so lies in einem geistlichen Buch. Geht sie zur Maskerade, so habe Kopfschmerzen. Steht sie vor der Tür, so sage deinem Freunde, daß sie das ungern tut. Eine Mutter, die eine ... ist, opfert ihre Tochter mit Freuden auf, wenn sie nur ihre Rechnung dabei findet. Ein Vater aber, wenn er gleich ein Freidenker ist, sieht gerne, wenn seine Töchter beten. Sollte dein Liebhaber, mein schönes Kind, über deinen ausschweifenden Vater die Schultern ziehen, so weine sechzig Tropfen, und damit gut. Es ist vielleicht die sicherste Spekulation, vor der Ehe eingezogen zu leben, indessen geht es mit dieser so wie mit vielen anderen Spekulationen. Wer klug ist, heiratet lieber ein freies, munteres Mädchen. Warum sollte ein Mädchen, das noch wie eine Feldblume ist und der ganzen Welt gehört, nicht auch gegen die ganze Welt milde sein? Hat es erst einen Liebhaber, so wird es eine Blume im eingezäunten Garten, und dem Liebhaber steht das Gartenrecht zu. Hat es aber einen Mann, so blüht es gar im Zimmer, im Blumentopf, und selbst der

Geruch gehört nur einem. Ich habe es sehr oft bemerkt, daß Mädchen, die durch Heucheln die Hauptschlacht gewonnen und einen Ehemann erfochten haben, auch während der Ehe unter dem Panier der Heuchelei scharmuzieren.

Mit der Schönheit ist es wie mit dem Schwert: wer es nicht zu brauchen weiß, beschädigt sich selbst. Ein Mädchen, das schön ist, kommt oft später zum Glück der Ehe als eins, das es nicht ist. Ist ein schönes Mädchen spröde, so schreckt es ab; ist es nicht spröde, so traut man seiner Tugend nicht. Ein schönes Mädchen, das sich nicht merken läßt, daß es schön ist, erhält hierdurch noch einen größeren Grad der Schönheit. Es tut wohl, wenn es sich nicht putzt, sondern beständig schlecht kleidet und keine Kenntnis verabsäumt, die man von seinem Geschlecht fordert. Hierdurch wird es den Wert seiner Schönheit ohne die Beschwerlichkeiten derselben genießen, und es braucht weder einen geld- noch einen ahnenreichen Vater, um einen Mann zu heiraten, der beides besitzt. Ist es aber aus gutem Hause und hat Geld obendrein, so tut es wohl, das als Schaumünzen anzusehen, die man für Notfälle verwahrt.

Ein Mädchen, das nicht schön ist, darf darum nicht verzweifeln. Die Schönheit, sagt ein philosophischer Dichter, wohnt im Auge des Liebhabers und nicht auf den Wangen des Mädchens. Güte des Herzens, ein milder Gesichtszug und tausend andere Dinge ersetzen die Schönheit. Wuchert mit diesem Pfunde, doch so, daß ihr nicht übertriebene Zinsen verlangt; denn so viel ist richtig, daß eure Umstände nicht die besten sind und ihr euch nicht wie Kapitalistinnen führen könnt. Seid ihr arm, so lernt die Wirtschaft! Seid ihr reich, so lernt Musik. Eine schöne Hand auf der Laute hat oft das schönste Gesicht überboten, ein niedlicher Fuß im Tanz das liebenswürdigste Auge verdunkelt; einem vollen Busen kann nichts widerstehen. Kein Mädchen ist völlig häßlich, und wenn es eins geben sollte, das diesem Vorwurf nahekäme, so glaube ich doch, daß es wenn sein kleines Talent wohl angewendet wird, auf einen vierzigjährigen Mann Ansprüche machen könnte. Und eine solche Ehe ist oft vorzüglicher als eine im Flügelkleide.

Es kann den Schönen zur Warnung, den Minderschönen zum Tröste dienen, daß zwar Paris der *Schönheit* den Apfel gab, die schöne Helena aber auch viel Unheil verursacht hat.

Was wollt ihr für Männer, Mädchen? Einen *Soldaten*? Getroffen! Das schöne Geschlecht braucht Schutz und liebt Leute, die Herz haben. Ein Mädchen hat es gerne, wenn man sich seinetwegen schlägt, und es sieht die Narbe im Gesicht des Liebhabers als einen Orden an, den es ihm verehrt hat. Vielleicht ist dieses die Ursache, warum ein Soldat, der zum Mut berufen ist, gemeinhin beim Frauenzimmer Glück macht. Ein Mädchen indessen, das einen Soldaten nimmt, sollte auch unter die Soldaten genommen werden. Ein Soldat muß für sein Vaterland sterben, darf also nicht heiraten. Ein Soldat muß sein Leben verachten, also seine Frau mit, denn sie ist ein Teil seines Lebens. Eine Frau schwächt nicht nur den Mut des Helden, weil er sein Leben für sie zu erhalten sucht, sondern sie gibt auch den Feinden Mut. Laßt uns siegen, denken sie, unsere Beute sind schöne Weiber! Ein Held kann seine Frau lieben, allein diese Liebe muß sie wenigstens mit seinem Pferde und seinen Waffen teilen. Die Armeen, welche in dieser letzten betrübten Zeit gehalten werden müssen, sind zu groß, als daß der Sold mit mehr als einem einzigen Magen das Gleichgewicht halten könnte.

Willst du einen *Gelehrten*, liebes Mädchen, so tue ungelehrt, lies nicht, und wenn du gelesen hast, so tue, als ob es nicht geschehen wäre, und höre. Wenn du ja reden mußt, so erzähle ihm Märlein und lauter albernes Zeug. Stadtneuigkeiten können nicht schaden, es muß aber etwas Groteskes dabeisein. Spiele ein Gassenlied und lerne: Unsre Mutter hat Gänse. Allein unter uns, warum einen Gelehrten?

Willst du *einen, der Aufwand macht*, so heirate einen geschickten Mann, der kein Geld hat, es aber ohne sonderliche Mühe verdienen kann. Überhaupt ist es besser, jemanden zu heiraten, der reich *werden* kann, als einen, der es *ist*. Wohlgewonnen Gut ist besser denn Erbgut. Suche indessen noch bei seinem Leben einen Witwensitz, denn sonst wirst du nach seinem Tode das Gelächter der Stadt.

Suchst du einen *Rang*? Ich bedaure dich. Alle Leute, die etwas suchen, müssen gebückt gehen. Ein Mann, der sich seines eignen Vorzuges bewußt ist, hält es für unnötig, sich von andern ehren zu lassen. Ein Ehrgeiziger kriecht vor Oberen und hält alles, was ihm gleich ist, mithin auch seine liebe Ehefrau, für Klienten, die weniger sind, für Sklaven. Sieht eine Gräfin nach ihm, so kann er ihr nichts abschlagen. Einer Prinzessin zu Gefallen würde er sich aufhängen.

Willst du einen *Reichen*? Ein Frauenzimmer, welches einen *jungen* Menschen des Geldes wegen heiratet, setzt sich selbst zur Konkubine herab; heiratet es einen *alten* Reichen, so hat es sich als Magd bei ihm vermietet. Auch im Palast wohnst du nur in einem Zimmer, die übrigen sind für andere. Wer steht dir beim Reichtum für den Geiz oder die Verschwendung? In einem Fall ziehst du auf die Wache, im andern gehst du betteln. Oft verändert ein kleiner Umstand das Temperament, und so, wie die Schwindsucht in die Wassersucht übergehen kann, so wird aus einem Geizhals ein Verschwender.

Willst du einen *Poeten*? Eine wunderliche Frage. Ich habe nichts wider einen Poeten einzuwenden, allein in der Ehe ist gesunde Prosa immer besser als Poesie. Schwierigkeiten in der Liebe bringen Poeten zur Welt, und die Poesie und die gemäßigte Zone (in der das Land der Siege und der Kinderzeugung liegt) schicken sich nicht zueinander. Ein Dichter lebt und schwebt in der Einbildung, die Ehe aber ist recht dazu gemacht, die Flügel der Einbildungskraft zu beschneiden und uns auf die Erde zu bringen. Macht der poetische Mann gute Verse –: so hat er ein Mädchen. Ein Gedicht auf seine Frau kann ihm nicht glücken, es müßte denn auf ihren Tod sein. Die Frau indessen tut unrecht, auf einen Poeten eifersüchtig zu werden. Er muß ein Mädchen haben, allein es ist hinreichend, wenn er es im Bilde hat. Er weiß die bekanntesten Dinge, selbst seine Muttersprache, nicht mehr, wenn er sich nicht in Feuer gesetzt hat. Er hat sich einmal beim Dichten daran gewöhnt, und seine gewöhnlichen Berufsgeschäfte wollen in diesem Stücke nicht nachstehen. Warum, liebe Frau Poetin, warum wollen Sie ihn verpflichten, ohne Sporen zu reiten und einen ganzen Tag auf einem Wege zuzubringen, den er in einer Stunde zurücklegen kann?

Unter uns, Madame, es ist mit allen seinen Ausschweifungen, so übel sie auch auf dem Papier aussehen, im Grunde genommen –: doch alles nur Poesie.

Ein Mädchen, das mehr der Nächte als der Tage wegen heiratet, sollte einen *Geistlichen* nehmen. Denn bei vielen von ihnen ist es am meisten Nacht, so wie bei den Akademisten am meisten Tag. Das letzte ist so wenig wie das erste für ein Mädchen, das Leib und Seele hat. Je mehr Verstand, je weniger Körper. Je mehr hitzige Liebe, je weniger Beständigkeit. Je mehr Geselligkeit, je glücklicher ist die Ehe.

Willst du ein recht glückliches Leben führen, so heirate einen *Edelmann*, der auf seinen Gütern lebt und Geschmack hat. Du wirst ihm der schönste Abdruck der Natur sein. Der Winter wird ihm deine Schwangerschaft, der Frühling deinen ersten Ausgang abbilden, und sowenig er der Natur überdrüssig wird, sowenig hast du dieses traurige Schicksal zu befürchten. Ich mag mich nicht länger bei dieser Beschreibung aufhalten, um nicht verraten zu werden, überhaupt glaube ich, daß ein verliebtes Paar auf dem Lande, Genies aber in der Stadt leben sollten. Ein Genie verbauert, sobald es beständig auf dem Lande ist; es wird durch die Natur zu sehr beschämt, als daß seine Kunst zu Kräften kommen könnte. Ein verliebtes Paar hingegen will nicht nachdenken, sondern das Schöne mit den Händen greifen, nicht lesen, sondern sehen.

Ich eile zum zärtlichen Lebewohl.

Wer einem Jüngling zu heiraten abrät, kann seine Ursachen haben, wer ein Mädchen vor der Ehe warnt, ist rasend. Denn wenn die Ehen wie eine alte Mode abhanden kommen sollten, so würden die Männer nichts, die Weiber hingegen alles verlieren. Die Weiber leiden, wir tun. Wir sind, sie werden. Wir schaffen, sie sind das Chaos, aus dem alles werden kann. Sie hoffen, wir erfüllen. Sie wünschen, wir erhören. Die Weiber haben außerdem Zeit, Glück und Unglück des Ehestandes zu empfinden, der Mann wird hierdurch gestört. Man erwäge nur selbst, ob der Ehestand mit dem Ernst und dem ununterbrochenen Fleiß unserer Geschäfte völlig harmoniert. Lauter Szenen für Frauenzimmerseelen!

Die römischen Gesetze verstatten einem Mädchen, wenn sein Bräutigam drei Jahre abwesend gewesen, einen andern zu wählen, damit sie die zum Heiraten bequeme Zeit nicht verlieren möchte, und in Wahrheit, liebe Kinder, nichts vergeht so schnell als diese goldne Zeit. Wir Mannspersonen gehen langsamer und behalten mithin längeren Atem. Eine Mannsperson lebt im ersten Jahre, bis sie fünfzehn Jahre alt ist. Alsdann fängt sie an zu zählen. Ihren Geburtstag aber lernt sie nicht eher auswendig, als bis sie eine eigne Ökonomie anfängt. Der fähigste unter euren Brüdern, liebe Mädchen, muß euch in Seelenkräften nachstehen, ehe ihr zwanzig Jahre seid. Dieses ist eure Tag- und Nachtgleiche. Die Tage eurer Seelen nehmen dann ab, denn die Natur bestimmt euch, Mütter zu werden. Ihr sollt mit eurem Leibe die Natur preisen und den Staat bereichern. Jedes Ding erhält seinen Punkt der Reife, und dann nimmt es ab. Nicht die Birne, welche abgefallen, sondern welche bald abgefallen sein würde, ist reif. Selig, wer ein solches Mädchen brechen kann.

Noch eins im Vorbeigehen. Was geschwind geschieht, vergeht auch so. Eine Frucht aus dem Treibhause ist bei weitem nicht so vorzüglich als eine aus der Hand der Natur, obgleich jene eher da ist. Der Trunk ist der Kunstgriff, den einige Mädchen brauchen, wenn sie aus dem Stegreif einen Mann nötig haben. Sie haben alsdann nichts weiter zu tun, als die Hand des jungen Herrn so wie von ungefähr zu berühren. Es springen sogleich Funken heraus, und das Spitzchen des kleinen Fingers macht ihn über den ganzen Leib elektrisch. Dafür aber kann niemand die Bürgschaft leisten, ob er nicht die Liebe so wie den Wein ausschläft. Wem damit nicht gedient ist, gehe wie die Natur, die nicht Riesenschritte nimmt, allein auch nicht kriecht; allmählich kommt sie zum Ziele.

Wehe dem Mädchen, das darum auf den Teppich tritt, weil es Lust hat auszuschweifen. Ich weiß, daß manches heiratet, weil sein Mann einen Bruder hat, weil er von drei bis fünf aufs Kollegium geht, kurz, weil es eine spanische Wand braucht. Ich weiß, daß Kinder auch den unschuldigen Mann Vater nennen und daß er dafür gehalten wird. Wehe der Mutter, die aus Gesetzen Vorhänge macht, um ihren Frevel zu verbergen.

Heiratet, Mädchen, weil eure Mutter geheiratet hat, und seid das, was ihr allein sein könnt und sollt: Weiber. Plato dankte den Göttern, daß er zu Sokrates' Zeiten zu leben das Glück gehabt. Ihr habt Ursache, dieses in bezug auf euren Mann zu sagen. Der Dank an die Gottheit besteht in einem rechtschaffenen Wandel, und hierzu fordere ich euch auf. Seid euren Männern nicht nur treu, sondern gebt auch weder ihnen noch anderen Leuten Gelegenheit zu denken, daß ihr es nicht wäret. Eins schadet ihnen so sehr als das andere, und eins schadet auch euch selbst ebenso als das andere. Sind eure Männer eifersüchtig, so exerzieren sie eure Leibgarde, setzen Hüter den Hütern, Wachen den Wachen, wollen einen Argus werben, der doch auch einschläft, und verlieren Zeit und Geld, wovon sie einen besseren Gebrauch machen könnten. Lepidus schämte sich über die Untreue seiner Gattin zu Tode, und wenngleich ein Lepidus selten geboren wird, so muß doch auch ein Ehemann, der gar nicht eifersüchtig ist, mit der schlechten Aufführung seiner Frau unzufrieden sein. Er gilt bloß darum nur die Hälfte bei jedermann. Man zweifelt an seinem Verstand, wenn er sichs nicht merken läßt, und macht ihn lächerlich, sobald er es gesteht. Ist er Richter, so legt man gegen seinen Spruch Berufung ein; ist er Soldat, so zweifelt man an seinem Mut; ist er Finanzier, so versucht jedermann, den König zu betrügen. Ich wollte fast wetten, daß die meisten Diebstähle bei H–:ys geschehen. Wer seine Frau nicht bewachen kann, denkt man, muß leicht zu bestehlen sein. Ich verweise euch auf mein viertes Kapitel und merke nur noch zur Eifersucht an, daß *ihr* nichts durch die Untreue eurer Männer im gemeinsamen Leben verliert. Man bedauert euch, wenn ihr eifersüchtig seid, und verehrt und bewundert euch, wenn ihr es nicht seid. Wer wollte sich aber nicht lieber bewundern als bedauern lassen?

Laßt den Janustempel in eurem Hause beständig geschlossen sein und macht mit jedem Friede. Durch Zank und Unwillen verliert ihr, durch Nachgeben müßt ihr alles überwinden, was euch zuwider ist.

Zieht eure Kinder auf, um geschäftig zu sein. Die Söhne müssen aus eurer Schule ein empfindliches Herz mitbringen, die Töchter aber müssen *alles* von euch lernen. Eure Sache ist, Töchter, die eurem Bilde ähnlich sind, zu erziehen. Es hat Leute gegeben, die schon zu einer schwangeren Frau einen Hofmeister schickten; allein ich halte einen Hofmeister so wenig während als vor der Schwangerschaft für notwendig. Den Weibern liegt es ob, während dieser Zeit schon ihren Unterricht anzufangen und keine Blutschuld durch irgendeine Verwahrlosung auf sich zu laden. Diesen Unterricht müssen sie durch Gebärden und Handlungen fortsetzen, ehe das Kind reden kann, alsdann werden die Erstlinge ihrer Worte ein Opfer sein, das die Gottheit selbst nicht verschmäht, und diese Eindrücke werden die beständigen Begleiter des Lebens sein.

Über den Punkt des Säugens sind die Moralisten zu strenge. Man muß hierbei nicht nur aufs Kind, sondern auch auf die Mutter sehen. Die Zeiten ändern sich und wir mit. Unsere Damen sind so fein, daß sie sich und ihr Kind umbringen würden, wenn sie sich in diesem Stück Gewalt antun wollten. Solange sie noch selbst gebären können, so wollen wir es ihnen verzeihen, daß sie Ammen halten. Des Jupiters Amme war eine Ziege, und doch war er Jupiter. Zweierlei Arten Leute können sehr gefährlich werden: Ammen und Barbiere. Eine vergiftete Hostie läßt sich vielleicht noch schmecken, den Dolch muß man hervorziehen, allein ein Barbier hat die Anlage zum feinsten Meuchelmorde. Entweder sollten nur ehrliche Leute dieses Handwerk treiben, oder es müßte völlig abgeschafft werden. Was die Amme anbetrifft, so hat sie tausend Gelegenheiten, Kinder zu vertauschen, und ich wette darauf, daß es unendlich viele Male geschieht. Ich habe einen jungen Grafen gekannt, der seiner Amme, welche des Organisten Tochter war, so ähnlich sah, daß alle Welt ihn für ihren Sohn gehalten hätte, wenn er nicht in einer gräflichen Wiege gewesen wäre. Die Wiege ist der einzige Beweis der adligen Abkunft. Eine Amme liebt ihr eignes Kind mehr als ein fremdes: das übrige kann ein jeder selbst hinzudenken.

Habt ihr noch unbesetzte Stunden, so weise ich euch die Wirtschaft im kleinen zu eurem Departement an.

Wenn eine Frau ein anderes Weibsbild schlägt, so ist sie gemein, schlägt sie eine Mannsperson, so ist sie noch etwas Ärgeres. Die Weiber sind nur zum Belohnen da. Sie sind hierdurch Könige, die Männer nur Minister. Diese strafen, jene können die Strafe lindern und aufheben. Man hat mir vom jetzigen Könige von Preußen eine Anekdote erzählt, die ich königlich nennen kann. Die Regierung einer Provinz hatte einen unruhigen Bürger zur ewigen Gefängnisstrafe verurteilt, weil er Gott, den König und die Regierung gelästert hatte. Gott wird es ihm vergeben, schrieb der König unter dieses Urteil, ich vergebe es ihm auch, weil er sich aber an meiner Regierung vergriffen hat, so soll er drei Jahre auf die Festung. Diese Geschichte ist von vielen Seiten zu lehrreich, als daß ich sie von einer Seite anwenden sollte.

Zum Zeitvertreib und zum Vergnügen schlage ich auch die Musik vor. Ihr seid sanft, und die Instrumente, so ihr spielt, müssen ebenso sein. Ein schreiendes Instrument spielen und eine Pfeife Tabak rauchen sieht für ein Frauenzimmer gleich unanständig aus.

Die Vokalmusik ist euer Fach. Es war Aristoteles, der auf die Frage, was er von der Musik hielte, zur Antwort gab, daß Jupiter weder sänge noch spielte. Wenn eine Mannsperson singt, so ist sie entweder ein Kastrat oder ein Franzose oder ein Geck, und wenn ich eine Mannsperson im Singen unterrichten sehe, so ist mir ebenso, als sehe ich sie weiche Eier kochen. Auch einige sanfte Instrumente sind nicht für uns, sondern bloß die Feldmusik. Blast die Trompete, schlagt Pauke, Männer, und laßt die Weiber das Klavier und die Laute spielen.

Ich will von euch, liebe Mädchen, scheiden, wie man vom Freunde Abschied nimmt, den man liebt. Man schleicht sich fort und wünscht im Herzen: Alles, was gut ist, sei mit ihm! Alles, was gut ist, sei mit euch!

Das achte Kapitel

Die Witwer und die Witwen

Die Begierde, womit heutzutage die Männer sowohl als die Weiber zur zweiten und, wenns Glück gut ist, auch zur dritten Ehe schreiten, bestätigt es, daß es um die Ehe eben so schlecht nicht ist, als man es glauben sollte. Oft kommt es auch daher, weil es eine Schande ist, etwas, und wenn es auch eine Torheit wäre, halb zu begehen. Bei einigen Leuten, die zum dritten-, zum vierten-, auch wohl zum fünftenmal heiraten, ist die Ehe ein Mittel, reich zu werden, geworden. »Vierzig Jahre alt ist sie«, sagen sie, »in drei bis vier Jahren stirbt sie, alsdann ihre Schwester, jede hat dreißigtausend Taler, Facit: sechzigtausend.« Die Weiber machen es nicht besser, und oft heiratet eine Junge einen Alten, um nach dessen Tode in den Armen eines liederlichen Burschen den Sterbetag feiern zu können.

Nach den Gesetzen ist es dem Manne sowohl als der Frau erlaubt, zur anderen Wahl zu schreiten; denn der Tod endigt das Bündnis, und dem zurückgebliebenen Teil bleibt es frei, zu tun, was ihm gut dünkt, es wäre denn, daß darüber vor dem Ableben eine Verabredung getroffen oder testiert wäre. Stirbt der Mann ohne ein solches Testament, so muß die Frau dem Manne zu Ehren die landesüblichen Monate, die sich (wenn sie nicht über neun sind) in der Natur der Sache gründen, einen Flor tragen. Dem Mann aber müßte es freistehen, sich von der Trauerzeit dispensieren zu lassen, weil es bei derselben nur auf sein Herz und sonst auf keine andere Ursache ankommt. Es gibt Gesetze, die einem Weibe sogar ein Recht zur anderen Ehe zusprechen, wenn sie gleich ihrem Mann, ewig Witwe zu bleiben, zugesagt hat: allein warum nimmt sie dann die Güter ihres Mannes? Nicht, weil er sie ihr versprochen hat? Ja, sagt man, es ist ein unnatürliches Versprechen, Witwe zu bleiben; allein ich finde es noch weit unnatürlicher, einer Frau Güter zu lassen, die meinen Namen verleugnet, die die Brillanten von meinem Bilde wegbricht und das Bild auf eine Auktion gibt. Das wäre zwar recht, allein wäre es billig, wäre es anständig?

Bei einem Witwer sind oft Ursachen, warum man ihm die zweite Heirat nicht verdenken kann. zurückgebliebene Kinder, Wirtschaftsangelegenheiten machen ein Weibsbild notwendig in seinem Hause, und da Gelegenheit Diebe macht, so will er lieber nehmen als stehlen. Er bezahlt die Sache, warum sollte er keinen Nutzen davon ziehen?

Halbbrüder und Halbschwestern sind zum Haß gegeneinander geboren. Siehe, dein Erstgeborener weint, da dein zweites Weib dir auch einen Erstgeborenen schenkt, und es ist gewiß, daß diese zwei Jungen zwei Läger machen und in deinem Hause beständig zu Felde ziehen werden. Auf welcher Seite deine Frau ist, versteht sich von selbst, und auf welcher du gegen Abend sein wirst, weiß ich auch. Allein erinnere dich, wie zärtlich du dein verstorbenes Weib umfingst, als dich dein Sohn, der Anfang deiner Kräfte, zum erstenmal Vater nannte. Sie starb als eine Heldin, denn sie starb im Kindbett, nachdem sie vier Schlachten gewonnen und dir, bedenke den Vorzug! vier Söhne errungen hatte. Bedenke, wenn du an eine Zukunft und eine Zusammenkunft der Guten glaubst, daß sie dich nach ihren Kindern fragen wird. Ohne Vorwurf kann es unmöglich abgehen, wenn du in einer besseren Welt deinem ersten Weibe dein Herz berechnest und im Konto eine so unvermutete Post anführst.

Sei indessen wenigstens gerecht, da du leider mehr nicht sein kannst. Wo zweierlei Kinder im Hause sind, gerät selten ein einziges gut. Neid, Verfolgung, Geiz und beinahe alle nur möglichen Laster brüten sich untereinander aus, und deine Kinder werden unvermerkt so weit von der Nächstenliebe abgebracht, daß man zuletzt alle für Stiefgeschwister ansieht. Die Geschichte ist voller Beispiele, daß Stiefmütter, um ihren leiblichen Sohn auf den Thron zu bringen, die größten Grausamkeiten verübt haben, und was ein Thron bei durchlauchtigsten Stiefmüttern ist, das ist eine Meierei bei geringen. Ein Mann muß die Kinder der zweiten Ehe doppelt lieben, erstens als Vater und zweitens, um seiner Frau einen Gefallen zu tun. Hat er drei Frauen gehabt und mit allen dreien Kinder, so pflegen Vater und Stiefmutter die Kinder der ersten Ehe den Kindern der zweiten unendlich vorzuziehen. Der Vater, weil er sie näher kennenlernt und es ihn verdrießt, daß er der zweiten seligen Frau zu Gefallen seinen Kindern erster Ehe ohne Ursache hat hart begegnen müssen; die Stiefmutter, weil sie glaubt, ihr Mann habe die erste Frau mehr als die zweite vergessen, da nichts so geschwind als das Andenken seine Kraft verliert. Indessen bleibt sie auch für die Kinder der ersten Ehe Stiefmutter.

Die Ehen würden unendlich gewinnen, wenn es nur erlaubt wäre, *einmal* zu heiraten. Sie würden feierlich werden, so wie es der Tod nur darum ist, weil man nur einmal stirbt. Genaugenommen ist die zweite Ehe allemal ein Ehebruch, und zwar ein einfacher, wenn man ein Mädchen, ein zweifacher, wenn man eine Witwe heiratet. Einer Witwe ist nichts anständiger, als daß sie es bis ans Ende ihres Lebens bleibe. Ein Weib, das den Rock auszieht, zieht die Schamhaftigkeit aus, und dieses könnte man insbesondere vom Trauerrock sagen. Hat es nicht einen Mann verloren, und ist dieser Verlust nicht einer ewigen Trauer wert?

Ich würde einer Witwe, welche heiratet, alles absprechen, was sie von ihrem ersten Mann erhalten hat, und sie sollte sehr zufrieden sein, alles aus dem Weg zu räumen, was sie alle Augenblicke an ihre unschickliche Handlung erinnern kann. Die ganze Alte Welt hatte einen Abscheu vor Weibern, die sich zum zweitenmal verheirateten. Heutzutage werden die Witwen oft eher als die Mädchen befördert, obgleich sie billig nicht eher hierzu zugelassen werden sollten, als bis alle Mädchen in der Gegend versorgt wären. Es ist aber leider der Flor, den die Witwen um ihren Mann tragen, schon so durchsichtig, daß er füglich als ein Netz angesehen werden kann, worin der zweite Mann gefangen werden soll. Sie halten es mit ihrer Trauer so wie mit ihren Sechswochen, die sie lang und kurz machen können, so wie es ihre Leibesnahrung und Notdurft bedarf, überhaupt scheint die schwarze Trauer ein ausgehängter Kranz zu sein, um zu beweisen, daß der Wein noch nicht sauer ist: es läßt sich wenigstens dabei der buhlerische Putz anbringen. Notare, Priester und andere Leute, die bei Todesfällen zu tun haben, heiraten daher beinahe beständig Personen in Trauer. Das Herz des Notars schmilzt wie sein Notariallack, und Wohlehrwürden fangen an zu seufzen, statt ihr Trostamt zu beweisen. Ein betrübtes Gesicht beim Frauenzimmer hat schon an sich was Siegreiches, kein Wunder also, wenn es zur Trauer so vortrefflich absticht.

Was ist eine Witwe mehr als eine halbverwischte Malerei, ein umgewendetes Kleid, ein aufgewärmtes Essen, eine Perücke statt eignen Haars, eine Tulpe, die den Schlüssel verloren hat und sich nicht mehr schließen läßt. Der zweite Ehemann kann, ohne ein Prophet zu sein, das Schicksal genau bestimmen, das nach seinem Tode auf ihn wartet. Ein. wenig gutes Herz und. ein wenig gutes Gedächtnis müßten imstande sein, eine Frau bei wahrer Witwengesinnung zu erhalten, und ihre Treue auch dann unüberwindlich zu machen, wenn, keiner unter den Lebendigen ihr deshalb Rechnung abnimmt. Religion und Einbildungskraft müssen diese Gesinnungen verstärken, und es bedarf keiner Urne und. keiner Mumie, um bei einer Witwe den verstorbenen Mann unsterblich zu. machen. »Wo mein König ist, da ist mein Königreich«, sagte Isabella, die Gemahlin des aus Dänemark vertriebenen Königs Christian, als man es ihr freiließ, im Lande zu bleiben,, das ihr ohne ihren Gemahl, kein Land mehr war. Und die indischen Weiber waren stolz auf die Ehre, mit ihren Männern verbrannt zu werden.

Der einzige Zweifel, der diesem Kapitel gefährlich werden könnte, ist von unseren Gesetzen hergenommen. Allein wer nicht mehr tut, als die Gesetze halten, hat wirklich sehr wenig getan. Wer die Gesetze des Landes hält, ist ein Bürger; wer die Natur beachtet, ist ein Mensch; wer mehr tut, ist ein Mensch im erhabenen Verstände, so wie derjenige ein Held ist, der sich selbst überwindet.

Beschluß

Die Brautnacht und das erste Kapitel in einem Buche sind sich so ähnlich wie ein Vater und ein Autor. Eine kluge Hebamme fängt nicht von derselben zu zählen an, und wenn ein Autor beim ersten Kapitel seine Bogen als bar Geld rechnet, so macht er bankrott, es wäre denn, daß der Verleger ihn schadlos hält, wovon es einige Beispiele geben soll. Ich möchte wetten, daß wir unter tausend Anfängen eines Buches nicht einen einzigen zu sehen bekommen. Was mich betrifft, so sind es vier Vorberichte, die ich ausgestrichen habe, und der jetzige ist keinen Augenblick sicher, solange er noch in der väterlichen Gewalt ist. Unter allen Menschenaltern ist die Kindheit die gefährlichste, und die meisten Menschen sterben als Kinder –: würde ich sagen, wenn ich nicht wider die Allegorie sündigen und einen Ehebruch begehen wollte, denn die Metapher hat die Eigenschaft der Ehe: man muß nicht aus einem Gleichnis in ein anderes kommen. Der Anfang ist schwer, die Mitte angenehm, das Ende lustig, sagen die Schullehrer zu ihren Untergebenen, wenn sie ihnen die fünf Deklinationen und die vier Konjugationen beizubringen anheben, und ein jeder, selbst der Geistliche am Schluß eines alten Kirchenjahres, versichert, daß Ende gut, alles gut sei. Diese Umstände, besonders der letzte, sollten mich verlegen machen, allein ich bin es so wenig, daß ich Herz genug besitzen würde, vor meinen Lesern die verworfenen vier Eingänge, von welchen ich oben geredet habe, in den vorigen Stand zu setzen, wenn ich sie nicht außerdem, daß ich sie ausgestrichen, zugleich zerrissen und aus dem Fenster in meinen Garten geworfen hätte, wo sie in alle vier Gegenden der Welt hinflogen, doch, wie es mir aus Vaterliebe vorkam, so, daß ein Stück Eingang beim anderen Stück blieb und jeder Eingang eine Gegend der Welt sich zueignete. Sie sind also ebensogut in der Welt, wie die gegenwärtige Schrift ist. Eine Idee aus diesem Gespann von Eingängen will ich meinen Lesern mitteilen, weil ich sie zum Beschluß nötig habe.

Seitdem der englische Diogenes, Laurence Sterne, eine empfindsame Reise angestellt, so läßt halb Deutschland anspannen, und ein gut Teil ist schon unterwegs. Unfehlbar ist diese allgemeine Reisesucht schuld daran, daß ich mir Schriftsteller und Leser wie ein Paar Reisende vorstellte, die in einem Posthause zusammentrafen. »Wohin?« –: »Nach xxx!« –: »Allerliebst, wir reisen zusammen!« Die Worte: Wir reisen zusammen! haben eine so sympathetische Kraft, daß Magnet und Eisen nicht so geschwind zusammen sind als diese beiden Herzen. Der Reisekoffer wird zu-, und das Herz wird aufgeschlossen. Man erzählt sich seinen Lebenslauf bis zu dem Vorfall, da man sich in dem Posthaus zusammengefunden hat, und obgleich dieser Vorfall beiden bekannt ist, so will ihn doch jeder erzählen. Sobald sie nach xxx kommen, so sagen sie: »Ihr Diener«, und jeder geht seiner Wege.

Dieses waren ungefähr meine Gedanken, die ich in dem Eingang Nr. 3 besser vorgetragen hatte. Ich merkte im selbigen an, daß bei Autor und Leser der Unterschied wäre, daß nur der Autor erzähle und daß es schwerer sei, aufrichtig zu hören, als so zu erzählen.

»Wo Gott und mein Pferd will«, antwortete ein Feldprediger, der das Roß seines Generals ritt, das er nicht regieren konnte, auf die Frage: »Wohin?« Vor dieser Frage bin ich zwar, weil ich den Schluß erreicht habe, sicher, allein nicht im geringsten vor der Frage: Woher? Desto schlimmer! Ich will mich tausendmal eher wohin als woher fragen lassen. Mein Trost ist, daß einige meiner Leser »Ihr Diener!« sagen und ihrer Wege gehen werden, und diesen bin ich für ihr gutes Herz mit gleich gutem Herzen verbunden. Wider einen bösen Weg und ein störrisches Pferd kann niemand. Guter Freund oder Freundin, wer du auch seist, der oder die du mir nicht nachsiehst, wo ich einkehre, noch mich für einen Menschen hältst, der flüchtigen Fuß gesetzt hat, weil ich inkognito gereist bin; guter Freund oder Freundin, der Himmel schenke dir einen besseren Reisegefährten und bessere Pferde und einen besseren Weg.

Es würde mich unendlich kränken, wenn du, ehrliche Seele, ein einziges Wort finden solltest, daß dich in dieser Schrift verdrießen könnte. Mit Freuden würde ich deinetwegen ein Kapitel dem Feuer übergeben, um die Weltgegenden nicht zu belästigen. Denn es wäre mir unendlich lieber, mit sieben Kapiteln, nach der Zahl der Farben im Sonnenstrahl, zu erscheinen als mit acht, wenn in einem ein Wort, das dich ärgert, vorhanden sein sollte.

Was dich beruhigen kann, ist, daß ich sehr entfernt bin, jemandem meine Meinung aufzudringen. Solange man nicht aufhören kann, zu fragen: warum?, ists einem jeden erlaubt zu sagen: darum.

Sokrates redete sokratisch, und ich habe ehemäßig geschrieben. Scherz und Ernst ist verwebt, und wenn sich am Hochzeitsfeste das harte Wort:»Was Gott zusammenfügt, soll kein Mensch scheiden«, der priesterliche Segen, das Lied:»Nun danket alle Gott« und dann ein englischer, ein polnischer und ein französischer Tanz miteinander vertragen, so habe ich geglaubt, es würde auch in meiner Schrift ohne Lärm abgehen, wenn die Schärung Ernst und der Einschlag Scherz wäre. Was dir nicht gefällt, gute Seele, schreibe flugs auf die Rechnung des Scherzes, denn wenn man gleich im Scherz nicht lügen muß, so ist doch der Irrtum im Scherz am ersten zu vergeben, weil er am wenigsten Schaden tut. Es ist wahr, ich halte in meiner Schrift die Hand nicht vor, wenn ich gähne, und sage nicht: Gott helfe!, wenn mein Nachbar niest, allein ich bin der Meinung, daß alles, was natürlich ist, nicht schändlich sein kann. Ich weiß, daß zwischen Denken und Sagen ebenso ein Unterschied ist wie zwischen Wissen und Tun, und ich hätte hier und da mich schicklicher ausdrücken können, wenn ich gewohnt gewesen wäre, auf Worte zu studieren, die bei mir das Mühlenrecht genießen: was zuerst kommt, das nehm ich zuerst. Man hat mit dem Gedanken schon genug zu tun, und wer ihre Eifersucht kennt, die sie sogleich äußern, wenn man sich gegen die Worte ein wenig artig führt... Aber auch die Gedanken? Es ist wahr, ich hätte hier und da anders denken können, und ich stehe nicht dafür, ob man nicht mich hier der Kurz- und dort der Weitsichtigkeit beschuldigen wird, allein wer kann für Unglück! Wer einen Fehler an den Augen hat, pflegt desto bessere Ohren zu haben. Ich verlange nicht den Schein der Unfehlbarkeit. Ein kleines Steinchen macht nicht gleich das Wasser trübe, und es ist schon ein Verdienst, nach dem Ziele zu werfen, wenn man gleich nicht trifft. Ist man nicht ein halber Erfinder, wenn man einem andern durch seinen Irrtum zu Erfindungen Gelegenheit gegeben? Hat derjenige nicht einen Anteil am neuen Gebäude, der das alte gotische abgerissen hat, obgleich er nicht in den Umständen gewesen ist, allen Schutt wegzubringen? So viel wird mir auch ein Feind zugestehen, daß ich einen Abscheu gegen alle Ausschweifungen zu erkennen gegeben habe. Was ist verächtlicher als ein Schmetterling, der von einer Blume zur anderen flattert, und als ein Reh, das aus einem Walde in den andern läuft?

Ich erkläre hiermit *die Liebe für den Puls der Natur,* und wenn alles zu diesem Hauptpunkt geleitet wird, bei welchem das Mittel Vergnügen und der Endzweck Nutzen ist, so bin ich, wo ich sein wollte. Nach dieser Quelle wird das meiste schmecken, wenn man das Wasser in einem reinen Gefäß auffängt.

Das schöne Geschlecht kann über mich keine gerechte Klage anstellen. Habe ich gleich nicht im Auftrag unserer Gattin geschrieben, wie es in alten Diplomen heißt, so bin ich doch ein strenger Verteidiger fraulicher Vorrechte gewesen. Ich glaube nicht mehr, was in alter Zeit geglaubt worden ist, daß Frauen göttlichen Ursprungs seien, denn sie zieren die *Menschheit* zu sehr. Wenn ich etwas Untreue nannte, was die meisten Eheweiber auf die Rechnung der Lebensart schreiben, so habe ich getan, was ich zu tun schuldig war. Wer mich beschuldigt, daß ich so wie die Maler geglaubt hätte, die Engel wären männlichen Geschlechts, der irrt sich. Ich habe dem schönen Geschlecht andere Vorzüge beigelegt, die sich selbst loben. Einem Autor ohne Namen steht keine andere Denkungsart an. Ich habe zur Ehre des Hauswesens geschrieben und wollte daher nicht feines Brot backen, sondern bloß hausbackene Philosophie auftragen. Ich mag nicht zahme Tiere wild und wilde zahm machen, denn ich bin ein zu großer Freund der Natur.

Bleibt es bei der ersten Auflage, wie ich zu hoffen und nicht zu befürchten Ursache habe, so habe ich eine Mühe weniger in der Welt. Ein Bäumchen, das im ersten Winter ausgeht, kann der Gärtner im Frühling nicht verpflanzen, um sein Wachstum zu befördern, überlebt aber meine Schrift den Winter, so könnte wohl hier und da was Neues ausschlagen.

Vieles in dieser Schrift gehört auf die Rechnung meines Vaterlandes. Ein Prophet gilt nirgend weniger als in seinem Vaterlande, in seiner Vaterstadt läßt man ihn gar verhungern, obgleich man, was den Durst anbetrifft, weniger grausam mit. ihm verfährt. Da ich aber kein Prophet bin, so hab ich mich um niemand anders als mein vielgeliebtes deutsches Vaterland bekümmert, das in bezug auf die Ehe mit der Natur noch in so ziemlichem Einvernehmen steht. Ich bin sehr für Leute, welche reisen, um ihr Vaterland schätzenzulernen. Vielleicht *stirbt* man leichter in der Fremde, weil der Tod einem verlassenen Herzen lieb ist. *Leben* aber muß man, wo man geboren ist.

Es ist süß, fürs Vaterland –: Federn zu schneiden. Denn ohne meiner andern kleinen Mühen zu gedenken, so habe ich sechse zu dieser Schrift geschnitten. Der Franzose würde mich, wenn er diese Schrift lesen müßte (denn wollen wird ers nie), für einen Idioten in der Liebe halten, der Italiener für einen frommen Pilger. Und der Engländer, der sonst unser lieber Vetter ist? Was die Liebe anbetrifft, so sind wir nicht ganz aus einem Hause. Er ist von der Schwester, wir vom Bruder. Er ist Sklave seines Weibes, so wie wir von Gottes Gnaden Herren sind, vielleicht weil er sich des Vorzugs einer wichtigeren Freiheit viel zu sehr bewußt ist, als daß er sich darum in seinem Hause Mühe geben sollte.

Es ist bekannt, daß die Geistlichen der protestantischen Kirche, besonders auf dem Lande, wo man in diesem Stück noch etwas protestantischer ist, sich verheiraten müssen, wenn sie Zutrauen bei ihrer lieben Gemeinde haben wollen, obgleich die Geistlichen einer andern, wiewohl auch christlichen Kirche, die Ehe als ein Sakrament ansehen und die Gabe der Enthaltsamkeit oder der Verschneidung von Natur haben, wenigstens haben müßten. Aus dieser christlichen Unübereinstimmung wird sich so viel ergeben, daß es eben nicht notwendig sei, daß ich durchaus geheiratet sein müsse, und daß ich es nicht bin, wolle man sich von mir versichern zu lassen *geruhen*, wer adligen, und *belieben*, wer bürgerlichen Standes ist. Dieses ist der einzige Umstand, den ich für nötig finde, von mir anzuführen.

Des Piaton »Phädon« machte, daß sich jemand ins Meer stürzte, und wenn ich so viel erlange, daß meiner Schrift wegen nur ein einziger junger Mensch sich entschließt, ein Mädchen glücklich zu machen, so möchte ich wissen, wie ich selbst als Autor glücklicher sein könnte.

Gehab dich wohl, nicht bis auf Wiedersehen, denn es ist eher möglich, daß wir uns nicht mehr treffen, als daß es geschieht, wobei aber die Ehre, wenn es geschehen sollte, allemal auf meiner Seite sein wird. Gehab dich wohl!

Noch ein paar Worte an dich, kunstrichterlicher Leser, der du diese Schrift mit einer Bleifeder ergriffen und so manche Stelle mit derselben (auch wohl in der Hitze mit dem Nagel des Zeigefingers deiner rechten Hand) angezeichnet hast. Ich würde dieses *weglagern* nennen, wenn ich nicht dieses Wortes wegen noch ein Notabene mehr befürchten müßte. So viel ist gewiß, daß ich keine Beurteilung durch Lügen erschlichen habe und daß ich mich mit Freuden dem Urteil zu unterwerfen bereit bin, das ein kompetenter Richter, der das Recht nicht beugt und meine Schrift, nicht mich, beurteilt, aussprechen wird. Leuten von anderer Art, denen das Hauptstück ihrer Beurteilung fehlt, weil sie meinen Namen nicht wissen, dient zur Nachricht, daß niemand meinem Paß gesehen hat, woraus sich Namen, Vaterland und daß ich aus einem gesunden Ort ausgereist bin, ergibt.

Über tredition

Eigenes Buch veröffentlichen

tredition wurde 2006 in Hamburg gegründet und hat seither mehrere tausend Buchtitel veröffentlicht. Autoren veröffentlichen in wenigen leichten Schritten gedruckte Bücher, e-Books und audio-Books. tredition hat das Ziel, die beste und fairste Veröffentlichungsmöglichkeit für Autoren zu bieten.

tredition wurde mit der Erkenntnis gegründet, dass nur etwa jedes 200. bei Verlagen eingereichte Manuskript veröffentlicht wird. Dabei hat jedes Buch seinen Markt, also seine Leser. tredition sorgt dafür, dass für jedes Buch die Leserschaft auch erreicht wird.

Im einzigartigen Literatur-Netzwerk von tredition bieten zahlreiche Literatur-Partner (das sind Lektoren, Übersetzer, Hörbuchsprecher und Illustratoren) ihre Dienstleistung an, um Manuskripte zu verbessern oder die Vielfalt zu erhöhen. Autoren vereinbaren direkt mit den Literatur-Partnern die Konditionen ihrer Zusammenarbeit und partizipieren gemeinsam am Erfolg des Buches.

Das gesamte Verlagsprogramm von tredition ist bei allen stationären Buchhandlungen und Online-Buchhändlern wie z. B. Amazon erhältlich. e-Books stehen bei den führenden Online-Portalen (z. B. iBookstore von Apple oder Kindle von Amazon) zum Verkauf.

Einfach leicht ein Buch veröffentlichen: **www.tredition.de**

Eigene Buchreihe oder eigenen Verlag gründen

Seit 2009 bietet tredition sein Verlagskonzept auch als sogenanntes "White-Label" an. Das bedeutet, dass andere Unternehmen, Institutionen und Personen risikofrei und unkompliziert selbst zum Herausgeber von Büchern und Buchreihen unter eigener Marke werden können. tredition übernimmt dabei das komplette Herstellungs- und Distributionsrisiko.

Zahlreiche Zeitschriften-, Zeitungs- und Buchverlage, Universitäten, Forschungseinrichtungen u.v.m. nutzen diese Dienstleistung von tredition, um unter eigener Marke ohne Risiko Bücher zu verlegen.

Alle Informationen im Internet: **www.tredition.de/fuer-verlage**

tredition wurde mit mehreren Innovationspreisen ausgezeichnet, u. a. mit dem Webfuture Award und dem Innovationspreis der Buch Digitale.

tredition ist Mitglied im Börsenverein des Deutschen Buchhandels.

Dieses Werk elektronisch lesen

Dieses Werk ist Teil der Gutenberg-DE Edition DVD. Diese enthält das komplette Archiv des Projekt Gutenberg-DE. Die DVD ist im Internet erhältlich auf **http://gutenbergshop.abc.de**

Zeitfracht Medien GmbH
Ferdinand-Jühlke-Straße 7
99095 Erfurt, Deutschland
produktsicherheit@kolibri360.de